AUTOÉDITER SON PREMIER LIVRE

AUTOÉDITER SON PREMIER LIVRE

Un outil simple, clair et efficace pour comprendre l'autoédition, réaliser son rêve en 10 étapes tout en évitant les pièges.

Emilie Varrier

© Emilie Varrier, 2023
Pyrénées-Orientales

Imprimé à la demande
Dépôt légal : octobre 2023
ISBN ebook : 978-2-9500451-7-1
ISBN broché : 978-2-9500451-8-8

Couverture en collaboration avec Ronald Cordero, graphiste
www.behance.net/ronaldcordero_r
Couverture, Mise en page et Co-Autoédition :
autoediterunlivre.com avec Emilie Varrier
autoediterunlivre.com

« Tous droits réservés,
y compris de reproduction partielle ou totale,
sous toutes ses formes »

AVANT-PROPOS

Tu es une femme ? Tu es un homme ?
Ne te vexe pas si j'utilise le masculin. Oui, il existe tout un tas de moyens pour inclure la femme dans mes écrits. Mais ces procédés sont lourds, que ce soit pour l'auteure que je suis, ou pour l.a.e lectrice.eur que tu es. Si je commence à mettre des points ou des parenthèses partout, tu risques de t'y perdre, et ce n'est pas le but. Bien au contraire !

Alors, si on jouait à « on disait que… »
Si tu es une femme, lorsque tu vois un masculin, « on disait que » tu voyais un féminin à la place ! :)
Je te remercie pour ta compréhension.

Par ailleurs, je parlerai de manuscrit car c'est le terme communément utilisé. Bien entendu, il s'agira en réalité de tapuscrit, étant donné que le texte sera tapé à l'ordinateur. Et non pas écrit à la main ! ;)

SOMMAIRE

Avant-propos 7

Sommaire 9

Qu'attendre de ce livre 11

Qui suis-je pour te conseiller ? 15

Ce qui n'est pas expliqué dans ce livre et pourquoi 20

Comment lire ce livre et le faire sien ? 23

Partie théorique 27

Chapitre 1 : C'est quoi l'autoédition concrètement ? 29

Chapitre 2 : La vérité sur la possibilité de vivre de ses livres 37

Chapitre 3 : Quelques conseils précieux avant de commencer . 43

Chapitre 4 : Les grandes étapes de l'autoédition 47

Partie pratique 51

Étape 1 : Préparation — les bonnes questions de l'auteur 53

Étape 2 : Bêta-lecture 71

Étape 3 : Correction 81

Étape 4 : Choix de la plateforme 89

Étape 5 : Demande de numéro ISBN 97

Étape 6 : Mise en page 105

Étape 7 : Création de la couverture 133

Étape 8 : Dépôt légal à la BnF 149

Étape 9 : Création du livre et publication 165

Étape 10 : Promotion (facultatif) Ou « Parler de mon livre » 179

BONUS : Statut de l'auteur 199

Suivi de mon premier livre autoédité 209
    LISTE DES TÂCHES générale 210
    LISTE DES FICHES 213
Toutes mes félicitations 215
    À toi, auteur et futur auteur autoédité 219
    Je te remercie 220
    Contact 220

QU'ATTENDRE DE CE LIVRE

Ce livre est-il fait pour toi ?

Tu es auteur[1] ? Ou tu rêves de le devenir ?
Rien que cette idée te fait peut-être frissonner, de peur ou d'enthousiasme, peu importe. Ce qui compte c'est que tu es sur le point d'autoéditer ton livre car c'est ce que tu veux ! **Tenir ton livre entre tes mains** est ton rêve, ou tout au moins, ton désir, ton projet, ton envie d'aujourd'hui.

Je le sais, car si tu as passé le cap de t'offrir cet outil, c'est que tu es motivé à autoéditer ton livre !
Logiquement, c'est ton premier livre. Une expérience nouvelle que tu souhaites découvrir. Si ce n'est pas le cas et que tu as déjà autoédité un ou plusieurs livres, tu risques de trouver des informations redondantes. Car cet ouvrage est destiné aux **auteurs débutants**, celles et ceux qui ne connaissent rien, ou presque, à l'autoédition.
Tu es sans doute fatigué de chercher les informations sur Internet, tu as envie d'un support qui t'aide dans tes démarches, sans plus de compliquer la tâche. Et c'est bien le but de ce livre.

Tu as terminé ton premier jet. Voir même, tu considères que ton manuscrit est terminé ? C'est parfait, car tu dois l'avoir écrit pour pouvoir l'autoéditer ! C'est la base. D'ailleurs, si c'est ton cas, toutes mes félicitations ! Et bienvenue dans la communauté des auteurs. Car oui, publié ou non, tu es auteur !!!

---

[1] Auteur résidant en France.

Savoure ce moment...
... et passons à la suite !

Car même si tu veux voir ton livre publié, tu n'as pas pour ambition de vivre de la vente de tes livres, en tout cas, pas pour tout de suite. Tu as sûrement conscience de la complexité de la démarche et tu ne veux pas te prendre la tête. Bien sûr, si tu avais la chance de pouvoir en vivre, ce serait le rêve... Mais nous en parlerons d'ici quelques pages.

Tout ce que tu veux, toi, c'est créer et publier ton livre simplement, et toi-même si possible.
Mais pour cela, tu as besoin d'informations, et surtout, de connaître et comprendre les étapes de l'autoédition. Tu veux savoir par quoi commencer.

Tu as peut-être (sûrement) peur de te tromper. Et tu as raison. Car l'erreur est à ta portée, tout comme l'atteinte de tes objectifs. Et l'un des miens est de t'aider à éviter ces pièges et à vivre l'aventure de l'autoédition le plus sereinement possible.

Tu as peut-être entendu parler d'arnaques et de fraudes dans ce milieu. Cela ne va pas te rassurer, mais c'est une réalité. L'autoédition est un marché qui se développe et quelques personnes en profitent pour tendre des pièges aux plus novices. C'est aussi pour cette raison que je souhaite t'aider, grâce à ce livre. Là aussi, je prends un peu d'avance. Ce qui compte, c'est que tu trouveras quelques pistes pour savoir de quoi te méfier si tu fais appel aux services de tiers. Par chance, **la majorité est honnête et apporte beaucoup aux auteurs**.

 Donc, **tu es auteur, tu débutes dans l'autoédition et tu veux savoir le juste nécessaire pour vivre cette aventure**. Tu n'as pas besoin de connaître l'histoire de l'invention de cette méthode de publication ni son impact sur le monde littéraire. Tu ne comptes pas devenir éditeur, ni professionnel de l'autoédition, du moins, pas dans les 6 prochains mois.

Tout ce que tu veux, aujourd'hui (car cela va sûrement évoluer avec le temps et l'expérience), c'est le juste nécessaire pour bien débuter dans l'autoédition. Pas question de t'encombrer de détails qui alourdissent et compliquent davantage l'aventure ! Je suis bien d'accord.

C'est d'ailleurs pour cela que j'ai créé ce livre.

Donc, tu recherches un outil pour savoir comment autoéditer un livre simplement, comment gérer les étapes essentielles, seul si possible, grâce à des outils et des techniques simples et accessibles...

Mais tu veux aussi savoir comment faire et vers qui te tourner en cas de besoin, afin de ne pas être seul et bloqué face à un problème. Posséder le ou les bons contacts et les bonnes sources d'informations peut faire toute la différence !

Tu aimerais avoir accès à tout cela quand tu veux, rapidement mais en prenant le temps que tu souhaites. Tu as besoin de **respecter ton propre rythme**, sans pression. Après tout, c'est un rêve, alors ne le transformons pas en cauchemar source de stress et d'inquiétude.

Tout cela, pour réaliser ton désir et tenir ton livre entre tes mains, être fier de ton accomplissement et... passer à autre chose. Car ta vie ne tourne pas exclusivement autour de ce livre et de sa création. Tu as d'autres projets sur le feu, une famille, un métier (alimentaire et/ou passionnant sans doute), des loisirs... Bref, tout un tas d'autres aventures à vivre !

Mais pour l'instant, c'est de ce livre que tu rêves. Alors faisons en sorte de le réaliser.

Tu l'auras compris, si tu ne te sens pas concerné par ces premières lignes, c'est que cet outil n'est pas fait pour toi.

Si au contraire tu as hâte que j'en vienne au fait, alors c'est tout bon ! Tu peux continuer !

D'ailleurs, tu es peut-être pressé. Tu voudrais passer tout de suite à la partie pratique… Je te comprends, mais tu risques de perdre des informations très utiles à ton parcours. Alors je te conseille de prendre ton temps. Repose-toi et lis bien jusqu'au bout avant de te lancer. Tu gagneras du temps au final, je peux te l'assurer !

QUI SUIS-JE POUR TE CONSEILLER ?

Avant d'aller plus loin, je tiens à me présenter

Je m'appelle **Emilie Varrier** et je suis romancière autoéditée. J'écris des **Romances Optimistes**. J'ai tout l'attirail de l'autoéditée :
- un site Internet emilievarrier.com :
https://emilievarrier.com/
- une page Facebook @emilievarrierromanciere :
https://www.facebook.com/emilievarrierromanciere
- et un compte Instagram @varrieremilie :
https://www.instagram.com/varrieremilie/

Et bien sûr, j'ai des livres autoédités !

Pour étancher ta curiosité, il s'agit bel et bien de la romance mais sur un ton optimiste, comme son nom l'indique. C'est-à-dire que mes histoires font du bien, sans être *feel-good* pour autant. Ce sont des fictions douces et simples à lire, de quoi passer un bon moment et réveiller des émotions parfois enfouies.

En quoi cela te concerne ? Et en quoi est-ce important ici ?
J'ai commencé à écrire en 2018 et j'ai autoédité mon premier livre sur Amazon KDP en 2019. C'est là que j'ai créé pour la première fois un profil Facebook, et un peu plus tard, mon compte Instagram. Non, je n'avais pas de réseaux sociaux avant cela... Comme quoi, tout change !

J'ai toujours aimé lire et écrire ! Je m'en suis rendu compte un peu tardivement, mais mieux vaut tard que jamais !

Bref, si je te raconte tout cela, c'est pour que tu comprennes l'origine de mon métier. Car suite à ces premières expériences dans l'autoédition, j'ai commencé à aider des auteurs autoédités. En effet, je suis Assistante Manager de métier. J'ai un BTS trilingue et quelques années d'expériences dans le domaine.

Mais disons que c'est dans l'autoédition que mes talents se sont révélés. Car l'indépendance de l'autoédition m'a rappelé mon envie d'indépendance dans ma vie professionnelle. Et petit à petit, j'ai aidé de plus en plus d'auteurs.

Au début, je passais des heures à appeler des libraires pour organiser des séances de dédicaces. Choses que je ne fais plus aujourd'hui, je te préviens tout de suite. Par contre, ce que j'adorais, c'était mettre en page et en forme les manuscrits. J'aime beaucoup faire les miens, et cela me semblait facile de le faire pour les autres.

De fils en aiguilles, j'ai créé mon **site Internet professionnel**, puis j'ai développé ma marque et j'ai aidé de plus en plus d'auteurs. Ces derniers me demandaient de l'aide pour toutes les étapes. Ils voulaient que je relise leur manuscrit, que je crée leur couverture, que je publie leur livre et leur fasse leur promotion !

J'ai donc testé et créé une méthode, développé des processus, abandonné certains et amélioré d'autres. Jusqu'à obtenir une méthode unique : la **Co-Autoédition** ! Ainsi qu'une **garantie qualité** grâce à cette méthode. Tout est détaillé sur mon site autoediterunlivre.com, que tu connais déjà peut-être. Sinon, je te le conseille, car j'y poste des articles mensuels qui pourraient bien t'aider ! Mais je t'en parlerai dans la deuxième partie de ce livre car ce sont des sources d'informations qui te seront utiles pour compléter ce livre en cas de besoin.

Bien entendu, ce site Internet présente aussi mes services, mon histoire, ma méthode, etc. Petite anecdote, c'est moi qui l'ai fait ! :)

En effet, je suis autoéditée, auto entrepreneuse, et autodidacte ! Une fois plongée dans cette aventure, j'ai pris conscience que c'était ma voie. J'aime mon travail et je ne cesse de développer mon savoir-faire et mon aide auprès des auteurs qui débutent.

Le blog, les entretiens téléphoniques gratuits, et ma chaine YouTube (AUTOÉDITER un LIVRE avec Emilie Varrier[2]) sont des outils gratuits que je mets à la disposition des auteurs qui souhaitent s'autoéditer eux-mêmes, comme toi !

Au-delà de ces contenus, je propose moi-même des services d'aide aux auteurs. Payants cette fois. Je mets en page leur manuscrit, je crée leur couverture, je gère les parties légales (demande de numéros ISBN et dépôt légal), et je publie leur livre sur les plateformes telles qu'Amazon KDP, TheBookEdition et Bookelis.

Pour les autres étapes, comme l'écriture, la bêta-lecture, la correction, la promotion, l'illustration, etc, je recommande tout un panel de professionnels de confiance. Le but est de tout trouver au même endroit, mais de conserver la liberté de choisir le professionnel avec qui collaborer dans la création de son livre. Le

---

[2] @Autoediterunlivre :
https://www.youtube.com/channel/UCbvZh_ty_1gx8ccVUIvEe3A

tout en toute confiance et en profitant de remises spéciales que j'ai personnellement négociées avec chacun des professionnels recommandés. D'ailleurs, je suis en contact direct avec ces personnes et ces marques. Je les ai choisis avec soin et j'ai parfois testé leurs services. Parfois, ce sont les retours des auteurs qui m'ont permis de constater leurs talents et leur professionnalisme.

Ce que j'adore dans mon métier, c'est participer à l'aventure de l'auteur. Nous collaborons dans l'autoédition de leur livre. Je fais à leur place, mais nous créons ensemble le livre de leur rêve. Le tout, en toute tranquillité et sans se soucier de la partie technique et organisationnelle.

C'EST ÇA, LA CO-AUTOÉDITION !

Mais...

Ce n'était pas encore assez pour moi. Car certains auteurs ne sont pas prêts à déléguer, ou pas tout de suite. Certains auteurs, dont tu fais sans doute partie, veulent apprendre et faire par eux-mêmes. Mais les outils mis à disposition me semblent confus. Je l'ai remarqué lorsque j'ai découvert l'autoédition en 2018 ! Et je n'ai de cesse, depuis cette époque, de répondre aux lacunes qui m'ont fait perdre du temps et perdre confiance.

Depuis toutes ces années, j'ai rencontré des dizaines et des dizaines d'auteurs, de tout type et de toute ambition. J'ai pu récolter un bon nombre d'informations, de peurs, de vécus, de questions, de doutes et de besoins. J'ai aidé et soutenu tous ces auteurs, bien souvent novices, que ce soit lors d'appels gratuits, ou au cours de nos collaborations. Ces années d'expérience me permettent d'avoir un regard différent de l'autoédition, professionnel et pointu, sans perdre le point de vue des auteurs qui découvrent cet univers.

Ce livre, en plus de tout ce que je développe, est un outil qui t'aidera dans l'autoédition.

Alors, bienvenue dans ma méthode !

Mais avant, encore un petit détour, juste pour être certaine que l'on se soit bien compris.

CE QUI N'EST PAS EXPLIQUÉ DANS CE LIVRE ET POURQUOI

Tu l'auras peut-être remarqué dans le sommaire, certaines étapes, pourtant détaillées dans de nombreux livres et blogs sur l'autoédition, ne sont pas incluses ou très peu détaillées dans ce livre.

Entre autres, je veux parler de l'écriture en elle-même, de la promotion de ton livre, notamment des séances de dédicaces et de la publicité.

Concernant l'écriture, je pense qu'il s'agit là d'un sujet qui demande l'écriture de plusieurs livres rien que pour t'aider dans cette étape ! Ce livre ayant pour but d'être un outil simple et rapide, je ne m'étalerai pas sur le sujet. Ton premier jet, voire même ton manuscrit, devrait être terminé pour pouvoir songer à l'autoéditer. Tout simplement !

C'est un parti prix. Comme tu l'auras sans doute compris dans la partie précédente, le but de ce livre est de te donner les éléments nécessaires à la création et l'autoédition de ton livre. Rien de plus.

J'ai remarqué que tous les ouvrages sur l'autoédition détaillent énormément le processus de promotion. Cependant, dans mon expérience auprès des auteurs, j'ai remarqué qu'une grande partie, comme toi si tu lis ces lignes, n'a pas pour ambition de se lancer dans une campagne publicitaire assourdissante autour de son livre ! Il y a de nombreuses raisons à cela, et je t'en parlerai plus tard, car cela me semble important.

De plus, si tu visites mon site Internet, tu verras aussi que ma spécialité n'est ni l'écriture ni la promotion des livres. Je considère qu'à vouloir se spécialiser dans tous les domaines, on devient un simple généraliste. Ce que je ne souhaite pas. Je préfère aiguiser mon couteau et en prendre soin, afin de conserver une lame fine et efficace. Plutôt que de devenir un « couteau suisse » avec un tournevis trop petit, ou un couteau qui ne couperait même pas une tranche de pain.

Enfin, comme je te l'ai expliqué précédemment, je suis romancière. Et dans ce rôle, je me suis rendu compte que la partie promotion ne me rendait pas du tout heureuse ! Je souffrais lors de cette période, et je ressentais beaucoup de frustrations. Je dédiais du temps et de l'énergie, mais je n'avais certainement pas la bonne intention. Dans ce cas, et pour de multiples raisons personnelles, émotionnelles, psychiques... les choses ne se déroulent pas comme nous le voudrions.
Mon premier livre - *Un binôme idéal* - s'est assez bien vendu. Mais après la sortie de mon deuxième livre - *Acceptez-moi comme je suis* - j'ai décidé de ne plus me prendre la tête. En effet, cela demande beaucoup d'efforts et d'investissement.

Car la promotion d'un livre, c'est comme gérer une entreprise. Et j'en gérais déjà une avec mon site Internet et mon activité professionnelle d'aide aux auteurs. Je n'avais soudainement pas envie de gérer deux entreprises ! J'ai donc concentré tous mes efforts sur ma *startup*, qui m'amène aujourd'hui à écrire ce livre, mais dans un tout autre style.

Lorsque j'ai autoédité ma troisième Romance Optimiste - *La vie au 3A* - j'ai senti un véritable soulagement en ne m'engageant pas sur la planification de posts et autres techniques de vente. Mon livre est sorti, j'ai prévenu quelques personnes, ma communauté sur les réseaux sociaux, et je lui laisse faire sa vie. Je suis heureuse d'ajouter cet exemplaire à ma collection et je passe à autre chose ! Avec joie et fierté.

Ce livre est donc idéal pour les auteurs qui, comme moi, n'ont pas très envie ni besoin de se lancer dans la promotion de leur livre.

Bien entendu, si tu souhaites t'engager dans cette étape, au moins un peu, je prévois de te donner quelques techniques que j'ai apprises. Et surtout, des pistes, des outils et des contacts qui pourront t'aider dans ce domaine.

COMMENT LIRE CE LIVRE ET *LE FAIRE SIEN* ?

Très bien, nous arrivons bientôt aux explications concrètes de l'autoédition ! Juste encore un peu de patience.

En effet, ce livre n'est pas un roman qui se lit tout simplement du début à la fin, quoi que… Ce que je veux dire, c'est qu'il s'agit d'un outil plus que d'un livre. Il contient beaucoup d'informations, parfois nouvelles pour toi, parfois déjà vues mais expliquées de manière différente. Et surtout, il te permet d'avoir à la fois une vue d'ensemble et une vue détaillée de chaque étape de l'autoédition.

Ce que je te recommande, c'est de **le lire une première fois complètement**, jusqu'à la dernière page avant de commencer à appliquer mes conseils.
Puis, une fois que tu te sens prêt, **relis-le, mais étape par étape**, en les suivant au fur et à mesure afin d'être sûr de ne rien oublier.

Je te conseille de **reprendre ta deuxième lecture à partir de la partie pratique, page 51**. La partie théorique te sera utile avant de commencer. Mais c'est la partie pratique qui t'aidera concrètement à créer et autoéditer ton livre. Bien entendu, **si tu es déjà avancé** dans l'autoédition, tu peux continuer et suivre mes conseils là où tu en es pour le reste des étapes.

Mais si tu n'as pas encore commencé, c'est-à-dire que ton livre est écrit mais que tu n'as qu'un fichier avec l'ensemble de ton texte à l'intérieur, alors tu dois commencer par la première étape décrite dans la partie deux. Puis, suis pas-à-pas chaque étape. Tout simplement.

Comme tu l'auras déjà lu en entier, tu auras peut-être pris de l'avance sur certains points. Il se peut que certaines questions aient trouvé une réponse par elles-mêmes grâce à l'effet du temps. Car, lorsque tu sais de quoi l'on parle, que tu comprends le processus, et que tu sais où cela va te mener, ton cerveau fait des liens plus facilement.

▶ Tu lis donc tout ce livre, puis tu reviens à la première étape pour t'en occuper et t'assurer de bien suivre chaque élément que je te recommande. Puis tu passes à la suite, à ton rythme.

Tu verras que pour chaque étape, je te donne des explications générales, mais aussi des méthodes, des techniques, des liens, etc. Et surtout, tu trouveras des listes de tâches à compléter et des espaces où écrire et suivre tes avancées. Tu auras peut-être besoin d'autres fiches de suivi, mais si tu utilises ce livre, c'est déjà très bien !

J'ai placé des repères visuels pour t'aider à appliquer au mieux mes conseils spécifiques.

 De plus, j'ai prévu pour toi des « **Fiches techniques** » qui t'offrent des contenus précis à connaître.

 Et des « **Fiches Mon livre** » à compléter, qui te permettent de mettre en application mes conseils et de noter toutes les informations dont tu as besoin pour créer ton livre dans les meilleures conditions.

 Enfin, les **listes de tâches** disséminées tout au long de cet outil t'aideront à suivre tes avancées.

Très bien, assez introduit, il est temps de te parler d'autoédition !

PARTIE THÉORIQUE

Dans cette courte partie, tu trouveras **des explications et des informations** qui t'aideront à mieux comprendre l'autoédition et son univers. Je te donne mon avis et je t'offre des conseils uniques. Car mon expérience de **Romancière autoéditée**, couplée à mon rôle de professionnelle de l'autoédition depuis 2018, me donnent un aperçu de tes besoins réels. **Je réponds donc aux questions que tu te poses**, mais aussi à celles que tu ne te poses pas (encore) mais dont les réponses te sont nécessaires. Crois-en mon expérience !

CHAPITRE 1 : C'EST QUOI L'AUTOÉDITION CONCRÈTEMENT ?

L'autoédition

Comme tout bon livre qui t'explique l'autoédition, celui-ci n'échappe pas à la règle de la fameuse définition. Laisse-moi en faire une « à ma sauce ».

L'autoédition, c'est l'action d'éditer soi-même son livre. Mais cela ne veut pas dire que tu es seul ! Juste que tu es considéré comme l'éditeur de ton livre. Tu le verras très vite, être auteur autoédité c'est gérer et surtout, être responsable de toutes les étapes de l'autoédition. Du début (les recherches, l'écriture), à la fin (la publication et la promotion si besoin).

Tu peux éditer ton livre
- en papier (et donc imprimé) : livre broché (pages collées et couverture souple), livre relié (pages reliées entre elles et couverture rigide), livre poche (format plus petit et moins cher) ;
- en numérique : ebook (EPUB et MOBI de *Kindle* par Amazon) et PDF (image du livre non modifiable), il se lit sur des appareils électroniques, notamment grâce à des applications (logiciels) intégrés ou à installer ;
- en audio : aussi appelé « audiobook », qui s'écoute au lieu de se lire grâce à des appareils électroniques.

Je ne tiens pas à m'étaler sur la définition et la description, car ce livre en entier est, en lui-même, une définition de l'autoédition !

Mais au moins, si ce n'était pas le cas avant, tu sais maintenant de quoi je parle depuis le début de ce livre !

Ce qui est important ici, c'est de différencier l'autoédition des autres modes d'édition possible dans le milieu du livre.

L'édition classique = l'édition à compte d'éditeur = l'édition avec une maison d'édition

 Tu connais déjà cette définition, mais je t'en offre une tout de même, juste pour être certaine que l'on parle de la même chose.

L'édition à compte d'éditeur (qui porte aussi tous les noms de ce sous-titre) est le procédé qui permet à un auteur de publier son livre en passant **par une entreprise**, que l'on nomme **une maison d'édition**. J'insiste ici sur le fait qu'il s'agit bel et bien d'une entreprise spécialisée. Ce sont donc des professionnels de l'édition et de la littérature. Il en existe de toutes les formes, des grandes, des petites, des vieilles, et de très jeunes.
Quoi qu'il en soit, ces entreprises dénichent des auteurs et des textes, pour en créer des livres. Ils supportent les risques (financiers et autres) en misant sur un livre et son auteur car ce sont eux qui prennent tout en charge : en terme financier et de responsabilité (image de marque notamment). Son but est donc de rentrer dans ses investissements.

MON AVIS

Dernièrement, il s'est avéré que ces entreprises, parfois de renommée, ne satisfont plus les auteurs, sauf certains privilégiés : droits d'auteurs trop faibles (ce que touche l'auteur lors de la vente de leurs livres), difficulté à se faire repérer par ces marques, à toucher ses droits d'auteur (mauvais payeurs), à communiquer (manque de professionnalisme), etc. Certains auteurs anciennement édités m'ont avoué avoir dû batailler pour récupérer leurs droits sur leurs textes malgré la fin de leur contrat. Il arrive même que leur livre soit toujours publié et rapporte de l'argent à l'éditeur sans qu'eux même puissent toucher leur part, n'étant plus sous contrat... Beaucoup se plaignent d'avoir dû faire eux-mêmes leur promotion. Bref, des arnaques, des déceptions et des frustrations pour les auteurs...

Ce n'est pas le cas de la majorité, fort heureusement, mais la vie d'un auteur édité n'est plus (ou pas) si rose que ce que l'on s'imaginait !

D'où, certainement, l'émergence d'autres modes d'édition du livre.

L'édition à compte d'auteur

Dans ce mode d'édition, je te le dis tout de suite, c'est l'auteur qui paie ! Dès l'instant où une soi-disant maison d'édition te demande de l'argent (participation aux frais, même avec promesse de remboursements), il s'agit d'un compte d'auteur. L'auteur n'est pas l'éditeur, mais il prend des risques malgré tout. L'éditeur est bel et bien l'éditeur, c'est-à-dire qu'il récolte les droits d'auteurs (le fruit des ventes du livre), mais sans risques ! Ou avec un risque moindre.

En effet, certaines entreprises (car ce sont encore et toujours des entreprises) disent simplement demander une contribution, pour partager les risques et les frais. Soyons clairs, ce n'est donc pas une maison d'édition à compte d'éditeur.

MON AVIS

Cette méthode n'est pas une arnaque en soi, mais tu dois avoir conscience de ce que cela signifie. En effet, ces entreprises peuvent bel et bien t'aider, mais tu dois bien vérifier à quoi tu t'engages ! Quel est l'investissement qui t'est demandé ? Quelles sont les contreparties, pour toi et pour l'éditeur ?

Si je peux te donner un conseil, c'est de bien veiller à conserver tes droits d'auteurs : c'est-à-dire que c'est bien toi qui touches l'argent de la vente et en reverses un pourcentage à l'éditeur en contrepartie de son travail. Et non pas l'inverse. Cela signifie aussi que ton texte doit toujours t'appartenir. Si tu signes un contrat à compte d'auteur, soit bien au fait des engagements et du sérieux de l'entreprise. La communication autour de leur marque et leur site ne signifie pas leur sérieux. Contacte les auteurs qui passent par eux, renseigne-toi.

Si tu n'y connais rien, je te déconseille de passer par cette méthode, tu vois qu'elle est risquée pour toi, financièrement, mais aussi pour ta vie d'auteur. Et il existe tellement d'autres moyens plus clairs et honnêtes, que je te conseille d'éviter celle-ci.

POUR ALLER PLUS LOIN

J'ai écrit un article comparatif sur mon site.

Autoédition ou édition traditionnelle : le comparatif pour mieux choisir.
https://autoediterunlivre.com/autoedition-ou-edition/

Bon, tu me diras, si tu lis ce livre, c'est que tu as fait ton choix !
C'est l'autoédition ? Génial !!!

Tu n'es pas encore certain ? Laisse-moi terminer de te montrer tous les avantages de cette méthode.

Les avantages et inconvénients de l'autoédition

1. De nombreux avantages...

TU ES INDÉPENDANT !

Oui, la liberté de tes choix est, selon moi, l'un des plus grands avantages de l'autoédition. **Tu es le décideur de tout !**
Bon, cela signifie que tu as beaucoup de choses à décider, mais ce n'est pas forcément difficile. Ce livre est fait pour t'aider dans cette démarche justement.

C'EST TOI QUI CHOISIS D'ÉDITER TON LIVRE !

Avec l'autoédition, c'est toi qui juges que ton livre est digne d'être lu. Tu ne laisses pas ce choix à une entreprise ou à un tiers. Tu n'as pas besoin de l'aval de marques pour faire tes propres choix. Et si tu as besoin d'un retour et d'un avis professionnel, tu trouveras nombre de bêtas-lecteurs qui te conseilleront en toute bienveillance.
Cela t'économise aussi le fait d'envoyer des tas de manuscrits (bonjour le gâchis de papier !), le temps et l'argent dédié à cette démarche ainsi que la frustration et la perte de confiance qui en découle dans la majorité des cas.

TU N'AS PAS BESOIN DE CONNAISSANCES JURIDIQUES AVANCÉES

Tu ne signes pas de contrat, tu n'as donc pas à avoir peur de te tromper. Tout ce que tu as à faire, c'est déclarer tes revenus et légaliser ton livre. Des étapes qui font peur au début, mais qui sont simples et accessibles.

TU GAGNES PLUS D'ARGENT...

Toute proportion gardée, **tu gagnes plus en autoédition qu'en édition classique**. Bon, d'accord, j'abuse peut-être un peu en présentant cet avantage ainsi. Disons que tu gagnes plus d'argent

par livre vendu qu'en maison d'édition. Ça, c'est vrai. Mais lorsque tu déduis ton investissement financier éventuel (correction professionnelle, illustrateur…), tu risques de déchanter. Je t'en parle un peu plus loin, mais il reste difficile, dans l'édition classique ou dans l'autoédition, de vendre ses livres. Le retour sur investissements prend du temps, lorsqu'il est possible.
Mais tu ne fais pas ça pour l'argent ! ;)
Bon, ça fait quand même plaisir de toucher plus de 4 % (chiffre moyen en maison d'édition) ! Car en autoédition, on tourne autour de 30 à 70 % selon les choix de plateformes, version du livre, etc.

C'EST TOI QUI DÉCIDES

Tu es le grand décideur concernant tout ce qui concerne ton livre ! Le contenu, le titre, la couverture, le type de publication, la taille du livre, le prix… Autant te dire qu'en maison d'édition, tu perds facilement la main sur ces étapes, et ton livre ne t'appartient plus vraiment.
Le plus difficile pour certains auteurs édités, c'est de devoir céder aux demandes d'éditeurs qui tiennent à ce que le livre entre dans ses cases. Il faut bien souvent modifier des aspects profonds de son récit et de son message pour plaire à la marque. C'est difficile pour les artistes et les créateurs que nous sommes ! Mais tout cela n'existe pas dans l'autoédition !

TU GÈRES LA PROMOTION, SI TU EN AS ENVIE

Tu connais maintenant mon avis sur la question. Mais ici, je voulais te préciser que non, les maisons d'édition ne promeuvent pas les livres de leurs auteurs… Pas tous les livres en tout cas. Juste quelques élus. Bon, c'est vrai que d'apparaitre sur leur boutique en ligne, ça fait plaisir. Mais retiens bien ceci : **peu importe la méthode d'édition, c'est à l'auteur de promouvoir son livre !** Au moins, dans l'autoédition, tu n'as pas à te sentir coupable de ne pas le faire. Personne ne te demande rien, car c'est toi qui décides.

TON LIVRE EST PUBLIÉ QUAND TU VEUX

Savais-tu que les délais de publication d'un livre en maison d'édition peuvent aller jusqu'à plusieurs années ? Dans l'autoédition, concrètement, si tu sais y faire et que tu le souhaites, **c'est faisable en quelques mois**. Encore plus rapidement si tu es habitué ou soutenu par un professionnel.

Pour ma part, sans compter l'écriture, je peux autoéditer mes livres en 3 semaines, si je prends mon temps... Pour les auteurs avec qui je travaille, cela prend entre 3 semaines et 2 mois, en fonction de leurs délais de réponses et de leurs besoins.

2. ... et quelques inconvénients

Je voudrais être sincère avec toi, l'autoédition a aussi quelques inconvénients.

Oui, en maison d'édition, tout est gratuit ! Si tout se passe bien...
- Ton manuscrit peut-être validé par des grands noms de la littérature ;
- Tu reçois l'appui de professionnels expérimentés et de confiance sans avoir à les chercher ;
- Tu bénéficies d'un réseau de diffusion et de distribution établie ;
- Tu reçois de l'aide dans la promotion (même si tu dois toujours faire ta part).

Alors qu'en autoédition
- Tu peux te sentir seul ;
- Tu peux être mal conseillé, avoir affaire à des tiers peu professionnels et sérieux ;
- Tu peux faire face aux critiques et aux jugements erronés sur l'autoédition ;

- Tu dois t'investir en temps, en argent et en énergie. C'est à toi d'équilibrer tous ces pans pour tenir tes objectifs avec succès.

Mais quoi qu'il arrive, tu peux toujours te faire aider !

C'est d'ailleurs le but de mon travail quotidien ! Et de ce livre, par la même occasion. Et je compte bien t'aider à ne trouver que des avantages sur ton chemin vers l'autoédition de ton livre. :)

CHAPITRE 2 : LA VÉRITÉ SUR LA POSSIBILITÉ DE VIVRE DE SES LIVRES

J'aimerais te parler de ce mythe de l'auteur qui écrit près de sa fenêtre devant une plage de cocotiers.
Faux !

Possible, mais irréaliste pour la majorité, sinon la quasi-totalité des auteurs du monde. Certes, il y a des élus, mais nous ne pouvons pas tous être Président, Miss Monde, ou la personne la plus riche du monde en même temps.

Je tenais à t'en parler car nombre d'auteurs avec qui j'échange par téléphone et par email se demandent **comment faire pour vivre de leurs livres.** C'est parfois leur rêve, ou un projet qui leur paraît trop lointain pour se mettre réellement en chemin.

Si toi aussi, tu veux t'autoéditer mais que tu as cette petite idée en tête de vivre un jour de ta plume, sache que même si c'est possible, l'idée est à nuancer ! Je t'explique.

Pour pouvoir dire qu'il vit de ses livres, un auteur doit pouvoir prouver que sa **source principale de revenus** provient de la vente de ses ouvrages. Bon, j'avoue ne pas connaître les comptes des auteurs dont je vais te parler plus loin, mais je tenais à te faire part de cette réflexion.
Si toi, tu vivais de la vente de tes livres… t'embêterais-tu à te lancer dans une activité professionnelle annexe ? Ou te dédierais-tu à l'écriture et la vente de tes livres ? Personnellement, si j'avais un tel succès avec mes livres, et que je m'étais donné les moyens pour

obtenir ce succès bien entendu, je pense que je ne serais pas en train d'écrire cet ouvrage sur l'autoédition, mais plutôt d'autres belles histoires de rencontre et d'amour. Ou bien un livre fantastique pour ado peut-être ?!

Laisse-moi te donner quelques exemples d'auteurs qui, à première vue, vivent de leurs livres : Nathalie Bagadey, Joanna Penn, Anaïs Weibel, Dimitri Carlet et Julie Huleux[3]. Ces auteurs gagnent leur vie grâce à l'écriture, oui. Et ce sont des modèles dans l'autoédition ! Inspire-toi d'eux si tu en éprouves le besoin.

Leur esprit entrepreneurial leur a permis **d'en arriver là où ils en sont. Cela leur demande, chaque jour, de s'investir et de se renouveler, de prendre des risques, d'inventer et de se réinventer. Cela ne s'arrête jamais !** Et s'ils parviennent à gagner leur vie, ce n'est pas seulement grâce à l'écriture et la vente de leurs ouvrages. Bien au contraire. Tous ont trouvé une **autre source de revenus.**

Voici certaines des activités de ces auteurs à succès (listes non exhaustives mais tu verras, c'est flagrant) :
- **Nathalie Bagadey** est autrice et accompagnatrice à la publication de livres ;
- **Joanna Penn** est autrice et formatrice pour auteurs et entrepreneurs ;
- **Anaïs Weibel** est romancière, entrepreneur, et coach pour auteur, blogueuse pour auteurs (activité de romancière en pause depuis 2022 pour changement d'activité professionnelle) ;

---

[3] Je ne connais pas ces auteurs personnellement, et je ne m'engage pas à certifier leurs activités ni de leurs sources de revenus. Il s'agit là d'un simple recueil d'informations récoltées sur Internet grâce à leur communication autour de l'autoédition notamment. Je respecte leur travail et leurs projets.

- **Dimitri Carlet** est auteur, entrepreneur et blogueur pour obtenir l'indépendance financière grâce au *side business* et l'autoédition ;
- **Julie Huleux** est romancière et coach pour romancières.

Tu vois où je veux en venir ?
Non ? Aller, j'ajoute un nom à cette liste :

- **Emilie Varrier** est romancière et soutien des auteurs autoédités.

Est-ce que je vis de mes romans ? Pas vraiment puisque ma principale source de revenus provient de l'aide que j'apporte aux auteurs qui, comme toi, débutent dans l'autoédition. Mais j'aurais pu me présenter ainsi au début de ce livre : « Emilie Varrier, je vis de mes romans ! » puisque je suis indépendante financièrement sans être salariée depuis 2018... ;)

Tu comprends mieux ?
Ce que je veux te montrer, c'est que bien souvent, lorsque tu entends parler d'un auteur qui vit de la vente de ses livres, tu remarqueras qu'il veut te montrer comment il s'y prend. Par ce fait, il te propose des services, qu'il vend — et c'est bien normal — et qui lui permettent d'augmenter ses revenus. L'auteur devient alors, et je le lui souhaite, indépendant financièrement.

Mais dans tous les cas, c'est un choix difficile, qui demande un **investissement important** et une **prise de risque** digne d'un entrepreneur.
J'en parle en connaissance de cause, tu imagines bien, puisque c'est le choix que j'ai fait.

Les auteurs qui gagnent un revenu (même partiel) grâce à la vente de leurs livres se donnent au maximum pour atteindre leurs objectifs ! Mais ils doivent bien souvent cumuler les activités pour devenir réellement indépendants financièrement.

Et quand c'est le cas, il arrive qu'ils ne tiennent pas le rythme bien trop soutenu et oppressant, leur faisant finalement perdre leur liberté durement obtenue... Car si un auteur vit de la vente de ses livres, et des activités qui en découlent, il doit écrire, publier, promouvoir ses livres et sa marque... Puis à cela s'ajoutent les services annexes et toutes les responsabilités que la gestion d'une entreprise implique. Et donc de deux entreprises ! Celle en lien avec son activité d'auteur, et l'autre correspondant à ses services professionnels. Ça fait beaucoup...

Donc oui, il est auteur, et il est indépendant financièrement (non-salarié). Mais peut-on dire que l'auteur vit de ses livres ?
...
...

C'est la même chose dans beaucoup de domaines. Tous ces professionnels du marketing de l'immobilier et autres, qui nous vendent des méthodes révolutionnaires pour gagner des milliers d'euros au bord de la plage. Si j'étais à leur place, je garderais mon petit secret et j'irai vivre sur une île ! Je n'irai pas risquer ma place au soleil pour gagner quelques centaines ou milliers de plus, aux prix d'efforts considérables en marketing, en conférences, etc.

Mais peut-être suis-je la seule à réfléchir ainsi ?

Quoi qu'il en soit, je tenais à t'en parler ici pour te montrer que tu peux, sans remords, autoéditer ton livre, tout simplement.
Si tu veux le vendre, fais de ton mieux. Essaie de rentrer dans tes investissements si c'est ce dont tu as envie et besoin.

Mais si la promotion ne te tente pas, si le fait de parler de ton livre et de trouver des potentiels lecteurs ne t'amuse pas, ou au contraire, te bloque, ne t'inquiète pas !
Tu n'es pas obligé de faire la promotion de ton livre pour être un auteur de talent.

Fais de ton mieux, fais-toi plaisir et vis de ta passion !

CHAPITRE 3 : QUELQUES CONSEILS PRÉCIEUX AVANT DE COMMENCER

Organisation

Souvent, les conseils prodigués aux auteurs touchent à l'organisation.
Oui, il faut s'organiser et/ou être organisé.

Pour ma part, être organisée et disciplinée — je dirais même auto disciplinée (et un « auto- en plus sur mon CV !) — fait partie de mes qualités disons « naturelles ». Je n'ai pas vraiment à les développer, juste à les approfondir. Mais je sais que ce n'est pas le cas pour tout le monde, et peu importe !

Je vois trop souvent des listes de solutions qui ne donnent que des techniques d'organisation personnelles à chacun.
J'avoue que certaines idées sont bonnes, mais il faut toujours les adapter et changer son propre fonctionnement pour les appliquer... et c'est fatigant.

Pour ma part, j'ai décidé d'arrêter et de laisser couler. Tout au moins, lorsqu'il s'agit de création.

Tu es organisé toi aussi ? Tant mieux, ce livre est idéal car tu vas aimer l'utiliser. Tu peux aussi créer toi-même tes propres outils, ce qui est souvent le cas pour les personnes dites « organisées ».

Tu n'es pas organisé ? Voir même le contraire ?

Ne te force pas. Dans l'autoédition, on ne te demande pas de devenir *Superman/Superwoman*.

Même s'il est vrai que l'organisation t'aidera à y voir plus clair... C'est pour cette raison que j'ai créé ce livre.

Alors laisse-toi guider. Suis mes conseils. Tout simplement.

Manque de temps

Ton mantra quotidien c'est « je n'ai pas le temps », « je n'ai pas pu, je n'ai pas eu le temps avec mon boulot »...

Remplace dès maintenant toutes ces ~~excuses~~ expressions par :

« Je n'ai pas pris le temps ».

Car, comme je le dis souvent, nous avons tous 24 heures dans une journée. Ni plus ni moins.
Et nous choisissons tous d'en faire ce que nous souhaitons.

Certes, tu te dis, je « dois » aller travailler, je « dois » m'occuper des enfants, je « dois » aller faire ma séance de gym ou de musculation...
Pourtant, si tu étais sincère avec toi-même, tu dirais
« j'ai choisi... »
« j'ai envie... »
« j'ai décidé... »
« j'ai préféré... »

Donc si tu veux autoéditer ton livre, choisis de le faire. Fait en une priorité. Par forcément la première mais décide de ton plein gré de

dédier du temps, chaque jour, ou chaque semaine, à ce projet qui te tient à cœur.
C'est pour toi que tu le fais, c'est donc du temps pour toi.

3. Pour aller plus loin

DES RESSOURCES À LIRE

Si tu aimes les livres qui t'aident à atteindre tes objectifs, j'en connais qui pourraient te plaire ! Ils sont rapides à lire et les techniques expliquées y sont éprouvées et utiles (je les applique moi-même).

- 7 Techniques pour Gagner du Temps :
  Le guide ultime pour augmenter sa productivité et gagner du temps pour SOI
- 7 Techniques pour Adopter de Bonnes Habitudes :
  Boostez votre organisation personnelle et changez de vie grâce au pouvoir des habitudes

> Avec ces sources d'aide, tu verras que tu sortiras ton livre d'ici quelques mois !

POSER LE CADRE

Si tu es arrivé à ce point de la lecture, tu as sûrement en tête ce que tu souhaites pour cette aventure. Je veux parler de **définir ton projet** et de lui poser un certain cadre et des limites, qui répondent à des objectifs plus ou moins définis.

Alors, vas-tu te dédier à l'écriture, création et promotion de tes livres ? Ou conserver cette activité comme une de tes passions ? Ou une activité secondaire ?
Comme tu as pu le comprendre dans les précédents chapitres, cela impactera ta vision de l'autoédition.
Ce livre est dédié aux auteurs qui débutent, et ne veulent pas se prendre la tête.

Mais peut-être qu'en lisant ces premières pages, tu t'es rendu compte que toi, tu veux plus ?
Si c'est le cas, c'est le moment de te poser et d'y réfléchir. La suite en dépendra. Tu peux toujours utiliser ce livre pour bien commencer, mais tu devras faire des recherches pour approfondir tes connaissances et trouver la meilleure stratégie, celle qui te convient.

Bien entendu, si tu restes dans ton idée de départ, c'est à dire tenir ton livre entre tes mains et comprendre l'autoédition dans ses grandes lignes, alors tu es sur le point **d'atteindre ton objectif très rapidement !**

CHAPITRE 4 : LES GRANDES ÉTAPES DE L'AUTOÉDITION

Enfin, nous y voilà !

Je te parle enfin de **l'autoédition** et de ces **fameuses étapes**.
Tu l'as sûrement compris à travers tes premières recherches, et c'est peut-être ce qui t'a poussé à t'offrir ce livre, l'auteur autoédité est multi casquettes.

1. Écriture du manuscrit
2. Bêta-lecture du manuscrit
3. Correction du manuscrit
4. Choix de la plateforme d'autoédition
5. Demande de numéros ISBN
6. Mise en page du manuscrit
7. Création de la couverture
8. Dépôt légal de ton livre
9. Création et publication du livre
10. Promotion (facultatif)
11. Déclaration de ses revenus d'auteur (son statut légal)

Dans cette aventure, tu vas jouer de multiples rôles tous aussi différents les uns que les autres. C'est d'ailleurs ce qui attire nombre d'auteurs dans cette aventure.
Mais rassure-toi, si finalement tu n'as pas envie d'endosser un rôle, il existe toujours des solutions. Et je t'en parlerai le moment venu.

Ce « multi casquette » provient du fait qu'en tant qu'auteur qui autoédite son livre, tu es décideur de toutes les étapes de la création et de la publication de ton livre.

Les grandes étapes de l'autoédition d'un livre

Dans chacune de ces étapes, tu deviens tour à tour relecteur, correcteur, graphiste, éditeur, secrétaire…

Au sein de chaque étape, tu trouveras quelques sous-étapes, et des étapes qui se croisent. Par exemple :
- tu fais ta demande de numéro ISBN et tu attends 3 semaines pour recevoir ta liste de numéros,
- tu réfléchis à ton statut d'auteur pendant tout le processus, tu peux le rendre officiel avant la sortie du livre, ou après sa publication, mais la déclaration de revenus ne se fait qu'une fois que tu as touché tes premiers paiements,
- tu commences ta promotion en créant des comptes sur les réseaux sociaux bien en amont de la création de ton livre, et tu prévoies le lancement pendant le processus de création, tout se met en place au fur et à mesure.

Certaines étapes dépendent les unes des autres. C'est pourquoi je te propose un certain ordre. C'est d'ailleurs cet ordre qui est à la base de la **Co-Autoédition**, la méthode que j'utilise avec les auteurs que j'aide.

Je respecte moi-même cette organisation dans la publication de mes livres. Par exemple,
- tu dois connaître le nombre de pages de ton manuscrit, la taille de ton futur livre et le numéro ISBN pour créer la couverture de ton livre,

- tu dois posséder la couverture finale et le nombre de pages, ainsi que le prix de vente de ton livre pour effectuer la déclaration légale à la BnF.

Ne t'en fais pas, je reviendrai sur tous ces points en temps et en heure. Encore une fois, si tu suis ce livre, tu seras certain de ne rien oublier et de tout faire dans l'ordre le plus facile et agréable pour toi.

PARTIE PRATIQUE

Maintenant que tu comprends le fonctionnement général de l'autoédition, il est temps de **passer aux étapes pas-à-pas**. Je te rappelle qu'il est conseillé de bien tout lire une première fois avant de revenir prendre le temps de travailler sur chaque étape. Mais si tu le souhaites, et si tu t'en sens capable, tu peux d'ores et déjà te lancer sur certains points.

 Tu trouveras une liste des tâches générale à compléter à la page 210. Pense à la mettre à jour régulièrement.

ÉTAPE 1 : PRÉPARATION – LES BONNES QUESTIONS DE L'AUTEUR

La première des étapes consiste à prendre le temps de savoir ce que tu veux obtenir grâce à ce livre. Cela t'aidera à prendre les prochaines décisions.

Pourquoi veux-tu autoéditer ton livre ?

Tu as peut-être entendu parler de la grande question « POURQUOI ? » et de son importance. Il s'agit d'une technique qui te permet d'obtenir une phrase, une raison, un « pourquoi » qui te pousse vers l'avant et qui t'amène à atteindre tes objectifs. Dans des projets comme celui de l'autoédition d'un livre, il me semble essentiel de savoir « pourquoi » tu as choisi cette voie, et ce que tu attends d'elle.

La réponse à cette question te **motivera** dans les moments de baisse de régime, de doutes et de peurs. Et tu en vivras sûrement, c'est normal. C'est le cas pour n'importe quel saut dans l'inconnu. **Tu vas sortir de ta zone de confort.** Dès que tu douteras, que tu procrastineras[4], que tu auras peur de te tromper, tu n'auras qu'à relire la réponse à cette question : pourquoi souhaites-tu autoéditer ton livre ?
Bon, d'accord, ce n'est pas si simple que cela.
Le technique consiste à poser une succession de « pourquoi ? »

---

[4] Procrastiner : « Remettre au lendemain ce que l'on doit faire, par paresse, négligence, manque d'intérêt, etc. Synonymes : différer, temporiser, tergiverser. » *Source : Antidote.*

EXEMPLE 1 :

Pourquoi souhaites-tu autoéditer ton livre ?
> *Pour le vendre*

Pourquoi souhaites-tu le vendre ?
> *Pour qu'il soit lu.*

Pourquoi souhaites-tu que ton livre soit lu ?
> *Car je veux transmettre un message.*

Pourquoi veux-tu transmettre un message ?
> *Car cela peut aider les autres.*

Le « pourquoi »

Je veux autoéditer mon livre car mon message peut aider les autres.

EXEMPLE 2 :

Pourquoi souhaites-tu autoéditer ton livre ?
> *Pour le plaisir de tenir mon livre entre mes mains et l'ajouter à ma bibliothèque.*

Pourquoi tenir ton livre est un plaisir ?
> *Car j'aime voir le résultat de mon travail.*

Pourquoi souhaites-tu voir le résultat de ton travail ?
> *Car cela me rend fière, surtout quand je le relis.*

Pourquoi es-tu fière de relire ton livre ?
> *Car j'aime ce que j'écris.*

Le « pourquoi »

Je veux autoéditer mon livre car j'aime ce que j'écris.

Bien entendu, il s'agit d'exemples basiques, et pourtant commun à beaucoup d'auteurs. Il faut le personnaliser davantage, aller en profondeur de tes souhaits et de tes valeurs. Tu ne devrais t'arrêter que lorsqu'il n'y a plus de réponse aux « pourquoi ? »

La réponse est ensuite un résumé clair des dernières réponses à ce questionnement intime et personnel.
Et **cette phrase deviendra ton mantra**, celui que tu peux afficher sur ton bureau, sur ton fond d'écran, ou n'importe où tu pourras le relire facilement en cas de doutes.

Mais pas seulement !
Dès que tu devras faire des choix, il te suffira d'y penser pour prendre la décision qui te correspond.

Dans le 1er exemple, l'auteur souhaite promouvoir son livre car il est important pour lui de transmettre son message. Il pourra choisir une plateforme plutôt qu'une autre s'il pense que les personnes qu'il peut aider s'y trouvent. Ce même auteur pourra parler plus facilement de son livre, même un petit peu, au moment de sa sortie. Car il ne cherchera pas à vendre, mais à transmettre un message, à aider de futurs lecteurs.

Dans le 2e exemple, l'auteur n'a pas de pression à s'imposer ! Le simple fait d'écrire et de créer son livre lui permet d'atteindre son but. Mais la qualité du résultat est importante, la création du livre est donc un point sur lequel il devra veiller.

 Tu es partant ? À toi d'écrire !
Complète la Fiche « Mon POURQUOI » à la page suivante.

FICHE : MON POURQUOI

Pourquoi souhaites-tu autoéditer ton livre ?

Parceque ....

....

Pourquoi..

....

Parceque ....

....

Pourquoi..

....

Parceque ....

....

Pourquoi..

....

Parceque ....

....

Pourquoi..

....

Parceque ....

....

Pourquoi ....
....

Parceque ....
....

Pourquoi ....
....

Parceque ....
....

Pourquoi ....
....

Parceque ....
....

Pourquoi ....
....

Parceque ....
....

QUEL EST TON « POURQUOI » ?

Je veux autoéditer mon livre car ....
....
....
....
....

Quels sont tes objectifs ?

Très bien, maintenant que tu as ton « pourquoi », tu vas voir que le reste en découle tout seul.

C'est bien connu, définir ses objectifs avant de se lancer dans un projet est le meilleur moyen de réussir. Mais pas n'importe quels objectifs ! Et pas ceux du voisin, de l'ami auteur ou de la famille. **Tes objectifs** !

Et ceux-ci doivent être clairs et mesurables.
Il existe de nombreux livres et techniques qui décrivent comment fixer ses objectifs. Mais le but ici est juste de **te poser quelques instants supplémentaires** afin de noter **ce que tu veux** et ce que tu attends de l'autoédition, au-delà de ton « pourquoi ».

Voici les questions auxquelles tu peux répondre. Je vais illustrer mes propos à l'aide de mes réponses en tant que romancière (que je différencie de mon rôle d'auteur de ce propre livre, car les objectifs et mon « pourquoi » sont totalement différents !) :

EXEMPLE

Souhaites-tu publier ton livre juste pour le plaisir ?
> *Oui, j'aime écrire des Romances Optimistes.*

As-tu un message spécifique à partager ?
> *Oui, l'Amour et d'autres valeurs comme l'amitié, la famille, l'acceptation de soi et de l'autre, nos attitudes face à nos peurs et à nos doutes, l'impact de nos expériences sur nos vies...*

Veux-tu partager ton savoir-faire ?
> *Non, pas avec mes romances.*

Veux-tu promouvoir tes services ?
> *Non, pas nécessairement. Même si mes romances sont un exemple de ce que les auteurs peuvent obtenir simplement.*

Veux-tu que ton livre contribue à vivre de ta passion (vivre de la vente de tes livres) ?
> *Pas nécessairement. Si c'est possible, tant mieux.*

Cherches-tu à être reconnu dans le monde de la littérature ?
> *Pas trop, cela n'a pas d'importance à mes yeux en ce qui concerne mes romans.*

Cherches-tu à gagner beaucoup d'argent avec tes livres ?
> *Non.*

Veux-tu rentrer dans tes investissements grâce à la vente de ton livre ?
> *Non, pas nécessairement.*

Quand souhaites-tu que ton livre paraisse ?
> *La date importe peu, quand je me sentirais prête.*

La taille de ton livre papier est-elle importante ?
> *Oui, je souhaite que toutes mes Romances Optimistes aient la même taille. L'harmonie est importante à mes yeux. Le rendu est plaisant dans une bibliothèque*

La couverture doit-elle répondre à une idée précise ?
> *Elle doit inspirer le lecteur, si possible représenter au moins l'un des personnages principaux, et l'ambiance du récit. La couverture doit être harmonieuse avec les précédents livres déjà publiés.*

ANALYSE

Ici, on peut distinguer des objectifs clairs dans mon aventure en tant que romancière.
- ✓ Écrire un livre avec plaisir (pas d'obligation de thématiques qui se vendent ou pas).
- ✓ Autoéditer le livre sans pression (pas de dates ni de promotion nécessaire).
- ✓ La taille du livre doit correspondre aux précédents (12,7 x 1,98 x 20,32 cm).
- ✓ La couverture doit être en harmonie avec les précédents (image de qualité, en fonction de l'histoire).
- ✓ Le tout doit me rendre fière (répondre à mon « pourquoi »).

Bien sûr, chaque auteur aura des objectifs différents ! Tu peux ajouter d'autres questions en fonction de ce que tu attends de cette aventure.

Pour certains, le but sera d'en vendre le plus possible pour reverser ses gains à une association. Pour d'autres, c'est le moyen de se faire connaître et d'écrire d'autres livres pour partager un message et un style qui leur tient à cœur...

 Très bien, à toi d'écrire !
Complète la « Fiche : Mes objectifs ».

FICHE : MES OBJECTIFS

CE QUI EST IMPORTANT POUR MOI

Quels sont tes objectifs dans l'autoédition de ce livre ?

....
....
....

Souhaites-tu publier ton livre juste pour le plaisir ?

....
....
....

As-tu un message spécifique à partager ?

....
....
....

Veux-tu partager ton savoir-faire ?

....
....
....

Veux-tu promouvoir tes services ?

....
....
....

Veux-tu que ton livre contribue à vivre de ta passion (vivre de la vente de tes livres) ?

....
....
....

Cherches-tu à être reconnu dans le monde de la littérature ?

....
....
....

Cherches-tu à gagner beaucoup d'argent avec tes livres ?

....
....
....

Veux-tu rentrer dans tes investissements grâce à la vente de ton livre ?

....
....
....

Combien de temps peux-tu consacrer à l'autoédition de ton livre ?

....
....
....

Quel budget envisages-tu d'engager dans l'autoédition si nécessaire ?
....
....

Quelle priorité cette activité a-t-elle dans ta vie ?
....
....
....

Quand souhaites-tu que ton livre paraisse ?
....
....
....

La taille de ton livre papier est-elle importante ?
....
....

La couverture doit-elle répondre à une idée précise ?
....
....
....

Autre question : ....
....
....
....

Autre question : ....
....
....
....

Autre question : ....
....
....
....

Autre question : ....
....
....
....

MES OBJECTIFS

1. ....
2. ....
3. ....
4. ....
5. ....
6. ....

À quoi ressemble le livre de tes rêves ?

J'espère que les réponses aux précédentes questions t'auront aidé à y voir plus clair et à noter au moins **3 objectifs clairs**. Tu pourras y revenir plus tard si tu es plus inspiré.

Maintenant que tu sais ce que tu attends de l'autoédition, il est temps de te pencher sur ton livre de manière plus concrète.
Puisque nous sommes dans le chapitre « les bonnes questions de l'auteur », tu ne seras pas étonné de voir ici de nouvelles questions se poser à toi. Mais rassure-toi, ce sont les dernières. Et tu pourras y revenir quand tu veux.

En effet, tu as besoin de savoir quel type de livre tu veux autoéditer pour gérer les étapes suivantes dans de meilleures conditions.
Tu n'auras peut-être pas encore toutes les réponses à ces questions, mais rassure-toi, cela viendra. Il te suffira de revenir sur la page de la « Fiche : Mon futur livre » pour la compléter le moment venu.

 De plus, je t'ai préparé des « Fiches techniques » afin de t'aider dans cette étape. Tu n'as qu'à t'y reporter pour trouver les choix possibles et les plus courants.

FICHE TECHNIQUE : FORMATS DES LIVRES

Description des versions de livre les plus utilisées.

LE LIVRE BROCHÉ

Il s'agit du format imprimé le plus courant et le moins cher à produire. Les feuilles du livre sont imprimées et collées à une couverture souple (dos carré collé).

LE LIVRE POCHE

Très semblable au livre broché, seule sa taille les différencie. En général, elle est de 11 x 17 cm. Le prix de vente est plus faible. Il est adapté aux livres courts (peu de pages).

L'EBOOK

Il s'agit du livre numérique. Certaines plateformes transforment ton manuscrit en ebook. D'autres exigent que tu charges l'EPUB (extension du fichier au format adapté à la publication électronique).

LE PDF

Ce format numérique préserve la mise en page et adapte plus ou moins bien ton livre à la lecture sur des supports numériques. C'est un plus mais pas indispensable.

LIVRE AUDIO (AUDIOBOOK)

Livre lu à voix haute par un professionnel (acteur, doubleur) et proposé aux clients en lecture sur des plateformes spécialisées. Il est aussi possible de créer un extrait pour permettre aux futurs lecteurs de découvrir ton livre sans efforts et de manière originale.

FICHE TECHNIQUE : TAILLE DES LIVRES

Selon les plateformes, tu peux choisir une taille de livre différente.

SUR AMAZON KDP (KINDLE DIRECT PUBLISHING)

Livres brochés

- ☐ 12,7 cm x 20,32 cm (5 po x 8 po) -> portrait, le plus petit format prévu par Amazon
- ☐ 12,85 cm x 19,84 cm (5,06 po x 7,81 po) -> portrait
- ☐ 13,34 cm x 20,32 cm (5,25 po x 8 po) -> portrait
- ☐ 13,97 cm x 21,59 cm (5,5 po x 8,5 po) -> portrait, proche du A5 (14,8 cm x 21 cm)
- ☐ 15,24 cm x 22,86 cm (6 po x 9 po) -> portrait, plus grand que le A5
- ☐ 15,6 cm x 23,39 cm (6,14 po x 9,21 po) -> portrait, grand
- ☐ 16,99 cm x 24,41 cm (6,69 po x 9,61 po) -> portrait, très grand
- ☐ 17,78 cm x 25,4 cm (7 po x 10 po) -> portrait, très grand
- ☐ 18,9 cm x 24,61 cm (7,44 po x 9,69 po) -> portrait, très grand
- ☐ 19,05 cm x 23,5 cm (7,5 po x 9,25 po) -> portrait, très grand
- ☐ 20,32 cm x 25,4 cm (8 po x 10 po) -> portrait, grand et large
- ☐ 20,96 cm x 15,24 cm (8,25 po x 6 po) -> paysage, petit
- ☐ 20,96 cm x 20,96 cm (8,25 po x 8,25 po) -> carré
- ☐ 21,59 cm x 21,59 cm (8,5 po x 8,5 po) -> carré
- ☐ 21,59 cm x 27,94 cm (8,5 po x 11 po) -> portrait, très grand
- ☐ 21 cm x 29,7 cm (8,27 po x 11,69 po) -> A4

Livres reliés

- ☐ 13,97 cm x 21,59 cm (5,5 x 8,5 po)
- ☐ 15,24 cm x 22,86 cm (6 x 9 po)
- ☐ 15,6 cm x 23,39 cm (6,14 x 9,21 po)
- ☐ 17,78 cm x 25,4 cm (7 x 10 po)

FORMATS BROCHÉS SUR BOOKELIS

- ☐ 13 x 18 cm Le poche
- ☐ 14,8 x 21 cm Le classique, indémodable
- ☐ 15,6 x 23,4 cm Le format confort
- ☐ 17 x 24,4 cm Le grand format élégant
- ☐ 17 x 17 cm Le carré
- ☐ 21 x 29,7 cm Le célèbre format A4
- ☐ 19 x 15 cm Le format paysage

FORMATS BROCHÉS SUR THEBOOKEDITION

- ☐ 14,8 x 21 cm (A5)
- ☐ 21 x 29,7 cm (A4)
- ☐ 21 x 21 cm (gros carré)
- ☐ 15 x 15 cm (petit carré)
- ☐ 11 x 17 cm (poche)
- ☐ 11 x 20 cm (étroit)
- ☐ 19 x 15 cm (large)
- ☐ 12 x 18 cm (petit)
- ☐ 18 x 26 cm (grand)

FORMATS BROCHÉS SUR BOOKS ON DEMAND (BOD)

- ☐ 12 x 19 cm
- ☐ 13,5 x 21,5 cm
- ☐ 14,8 x 21 cm
- ☐ 15,5 x 22 cm
- ☐ 17 x 17 cm
- ☐ 17 x 22 cm
- ☐ 21 x 15 cm
- ☐ 19 x 27 cm
- ☐ 21 x 21 cm
- ☐ 21 x 29,7 cm

FICHE : MON FUTUR LIVRE

VERSIONS DU LIVRE

- ☐ Papier :
    - ☐ livre broché
    - ☐ livre relié
    - ☐ livre poche
- ☐ Numérique :
    - ☐ Ebook
    - ☐ PDF
- ☐ Autre :
    - ☐ Livre audio (*audiobook*)

TAILLE DU LIVRE PAPIER

Selon la plateforme choisie à l'étape 4.

- Plateforme : ....
- Taille en cm : ....

ÉTAPE 2 : BÊTA-LECTURE

C'est quoi la bêta-lecture ?

 Une des étapes qui relie l'écriture à la création du livre en lui-même est **la relecture de ton manuscrit** par un ou plusieurs tiers.

Tout à fait facultatif, il s'agit d'un PLUS pour ton ouvrage.
Je ne parle pas des relectures que tu fais toi-même. De plus, la bêta-lecture est à différencier des alpha-lectures, qui concernent surtout le premier jet de ton manuscrit.

Ici, ton texte est terminé selon toi. Mais tu confies le soin à un ou plusieurs tiers de le relire afin d'en tirer le meilleur et de vérifier qu'il est bel et bien **prêt à être publié et lu par des lecteurs**.

La personne qui relit ton manuscrit se préoccupe **du fond de l'histoire**, peu importe les fautes. Bien entendu, il semble logique de proposer un manuscrit « propre » au risque de gêner le bêta-lecteur et de l'empêcher de se concentrer sur le fond de l'histoire ou du message à transmettre.

Les avantages d'une relecture par un tiers

Tout dépend des bêtas-lecteurs, mais en général, voici ce que tu gagnes à faire relire ton manuscrit :
- t'assurer de ne pas avoir laissé passer des incohérences ;
- te donner des pistes d'amélioration si tu le souhaites ;
- obtenir une synthèse claire et utile à l'amélioration de ton livre ;

- recueillir les avis de lecteurs avertis : avis général et/ou détaillé sur l'histoire, les personnages, l'intrigue ;
- noter les premiers retours et commentaires, ce qui te permettra d'utiliser leurs propres mots dans tes communications ultérieures ;
- t'apporter la confiance nécessaire pour les étapes suivantes (le moral et la motivation sont importants !)

Bien évidemment, cette partie doit être déléguée !

Éléments nécessaires

Pour cette étape, tu as besoin :
- ☐ de ton manuscrit terminé (à tes yeux) et propre afin de ne pas gêner la lecture (pas trop de fautes et une légère mise en page pour différencier les parties),
- ☐ (facultatif) d'un fichier de suivi de tes bêtas-lectures.

Délais nécessaires

2 mois avant la sortie

Il faut compter entre 3 semaines et 2 mois pour obtenir une bêta-lecture de qualité, à partir du moment où la personne commence. Or, certains professionnels ont des délais d'attente que tu dois prendre en compte.

Comment faire pour faire bêta-lire son futur livre

1. La recherche de bêtas-lecteurs

Plusieurs solutions s'offrent à toi :

- ☐ **Contacter des lecteurs sur les groupes Facebook d'entraide** : c'est au petit bonheur la chance, tu peux tomber sur quelqu'un de sérieux tout comme une personne qui, une fois ton livre en poche, ne te donnera plus de nouvelles. Ça m'est arrivé ! Mais ce n'est pas la majorité, heureusement.
- ☐ **Contacter des bêtas-lecteurs connus sur les réseaux** : sers-toi du bouche-à-oreille, repère un nom apparu dans les remerciements d'un auteur, etc.
- ☐ **Contacter des professionnels** : certains correcteurs proposent aussi la relecture et les conseils en écriture. Il te suffit de chercher « bêta-lecteur » sur Internet pour trouver des travailleurs indépendants.

2. La sélection de bêtas-lecteurs

Le mieux est de **faire relire ton manuscrit par au moins 4 bêtas lecteurs**. 6 ou 10 est l'idéal. Et 1 seul bêta-lecteur te permet déjà d'y voir plus clair.

Ce n'est pas évident au début mais ça vaut le coup ! Si possible, ne choisis pas que des lecteurs fans de ton style. Essaye aussi de varier les genres : hommes, femmes, jeunes, matures, lecteurs passionnés, auteurs...

Si tu optes pour une bêta-lecture professionnelle, une seule personne peut suffire. Les autres peuvent être des amateurs, des passionnés, des amis, etc. qui viendront compléter cet avis détaillé.

3. L'envoi du manuscrit

Vient ensuite le moment de transmettre ton texte.
Pour cela, demande bien le format désiré par le tiers. Est-ce qu'il veut un PDF ou un EPUB ?

Et surtout, assure-toi que vous êtes d'accord sur les délais et sur tes attentes. Une bêta-lecture peut prendre plusieurs formes.

- ☐ **Tu veux un avis général sur ton livre**, au mieux, une phrase chapitre après chapitre pour connaître l'impact de ton écrit sur le lecteur.
- ☐ **Tu as besoin de vérifier la cohérence** de ton récit, les éventuelles erreurs graves (inversions de noms, oubli de mots, passages difficiles à comprendre...)
- ☐ **Tu espères un ou des axes d'améliorations** afin d'apporter la touche finale à ton ouvrage. Tu attends un avis plus approfondi et des conseils concrets. Tu acceptes donc les critiques (constructives) et tu es prêt à modifier ton manuscrit suite à ce retour.
- ☐ **Tu veux un rapport complet**, professionnel et détaillé par le bêta-lecteur dans ses prestations payantes.

Dans tous les cas, comme je le disais, veille à fournir un document propre, sans trop de fautes d'orthographe ou de grammaire.
Pense à bien mettre tes coordonnées. Tu peux aussi insérer un court message personnalisé à destination de ton relecteur.

4. La réception des avis et les corrections

Si tu penses que la recherche de relecteurs est difficile, sache que le plus dur est d'encaisser leur retour. Car même les avis les plus neutres et écrits avec tact peuvent être difficiles à encaisser. Il faut être prêt à accepter la critique, positive et constructive.

Si tu es honnête avec toi-même, tu espères que tes bêtas-lecteurs te répondent « wahou ! Magnifique ! Super beau ! » Qu'ils n'évoquent que quelques détails sans importance dans leur critique. Et surtout, tu espères des compliments et des encouragements.

Mais ce ne sera pas le cas. Si les relecteurs sont attentifs, ils feront remonter à la surface les éléments auxquels tu n'avais pas prêté attention. D'ailleurs, ils se concentreront sur tout ce qui ne va pas si tu as bien précisé ta demande.

De plus, ils remarqueront sûrement tous ces petits détails que tu pensais avoir fait passé inaperçu : un souci dans le timing ou le réalisme d'une situation, un dialogue bancal car tu n'étais pas inspiré, une incohérence dans le caractère d'un de tes personnages qui ne réagit pas comme il le devrait, un début lent et ennuyeux, une incohérence ou un manquement...
Et tant mieux ! C'est le but de la bêta-lecture et c'est pour recevoir un retour complet et honnête que tu fais relire ton manuscrit.

Alors **prépare-toi à la critique**, elle t'aidera à évoluer. Sinon, ne perds pas ton temps et celui des autres à faire relire ton texte.

Prends le temps de **bien corriger** tout ce qui a été remonté et que tu penses justifié. Tu conserves tout de même ton **libre arbitre** et tu peux, à tout moment, décider de prendre en compte ou non un avis, un conseil, une critique.

Pense ensuite à lire de nouveau tout ton manuscrit. Lorsque tu changes des éléments, c'est toute l'histoire, le récit et l'explication qui risquent d'être impactés. Si tu peux, attends quelques semaines avant de te relire, afin de « laisser reposer » et permettre à ton cerveau d'oublier un peu ton texte. Cela te permettra de le redécouvrir plus ou moins.

5. Les remerciements

Étape bien souvent oubliée par les auteurs (ingrats ou trop emportés par leurs tâches quotidiennes)... Prends le temps d'accuser réception et surtout, de **remercier tous tes bêtas-lecteurs** ! Même ceux dont les critiques ne t'ont pas plu (trop sévère, trop long, trop léger...). Tu pourras toujours éviter de leur envoyer ton prochain ouvrage.
Si tu le souhaites, et si tu juges que la contribution du bêta-lecteur le vaut, tu peux même ajouter son nom dans tes remerciements ! Préviens-le dans le cas où il ne serait pas d'accord.

 Une fois cette étape terminée, coche-là dans la liste des tâches en fin de livre !

FICHE TECHNIQUE :
SUIVI DES BÊTAS-LECTURES

Pense à bien suivre tes demandes afin de ne pas laisser des bêtas-lecteurs sans nouvelles. Note aussi ce que tu as pensé de leurs services pour tes prochains livres !

Voici un exemple de tableau de suivi. Tu peux le créer sur une feuille de papier ou sur un tableur (Excel, Google Sheet).

Bêta-lecteur	Site Internet	Réseaux sociaux	Adresse email	Tarifs (gratuit/prix)	Délais prévisionnels	État demande (demandé/accepté/en cours...)	Envoi du manuscrit (date)	Réception du manuscrit (+ relances)	Remerciements	Avis
Prénom et nom	Site.com	Lien Facebook	betalecteuremail.com	250 €	1 mois 1/2	En cours	Le 2 juin 2022 en PDF	Prévue le 15 juillet 2022	...	Bonne communication
...	...	...	...	...	...	...	...	...	...	...
...	...	...	...	...	...	...	...	...	...	...

Se faire aider dans cette étape

Comme tu l'as compris, **déléguer cette étape est essentiel**. Tes proches peuvent t'aider, bien sûr. Mais tu verras que leurs retours sont amateurs et ne te permettent pas de progresser véritablement. Certes, ils seront fiers de te lister quelques coquilles, mais si tu as besoin d'un regard plus expérimenté, c'est auprès de passionnés et de professionnels qu'il faut te tourner.

 Équipe de Co-Autoédition : des professionnels de confiance que j'ai personnellement sélectionnés. Et tu profites de remises spéciales !

> Angie Corrections : Bêta-lectrice et correctrice professionnelle, auteure de récits de vie. Toutes les informations et celles d'autres contacts t'attendent ici :
https://autoediterunlivre.com/equipe-de-co-autoedition-beta-lecture-professionnelle/

Budget à prévoir

Si tu passes par un professionnel, il faut compter **entre 180 et 350 €** minimum pour obtenir une bêta-lecture de qualité. Tout dépend de la taille de ton livre (nombre de mots) et de sa complexité.

Tu obtiens en général un compte rendu détaillé des axes d'améliorations et des éléments à corriger. Certains utilisent le mode « révision » de Word, qui te permet d'accepter ou non les corrections et de voir les commentaires au fur et à mesure de la lecture du tiers.

Attention à la fraude !

Vérifie que le bêta-lecteur :
- ☐ soit bel et bien habitué à relire des livres ;
- ☐ soit véritablement professionnel si c'est ainsi qu'il se définit ;
- ☐ si nécessaire, veille à ce qu'il connaisse le genre de ton livre ;
- ☐ ait bien compris tes attentes et tes délais.

De nombreux bêtas-lecteurs semblent sérieux de prime abord. Mais posséder un site Internet ne prouve pas que le bêta-lecteur est un professionnel de confiance. Par contre, les avis sur celui-ci peuvent t'aider à vérifier son sérieux et ses compétences.

Lorsque tu contactes des lecteurs sur les groupes Facebook d'entraide, fais attention car certains d'entre eux ne sont « que » des lecteurs. Ils relisent gratuitement. Et parfois, certains en profitent pour obtenir des livres gratuitement. Bien que cette démarche soit passablement malhonnête voire ridicule selon moi, car ton livre n'est pas encore terminé. C'est donc une lecture de qualité moyenne qu'ils obtiennent. Ne t'arrête pas sur de mauvaises expériences, il existe de nombreux lecteurs passionnés qui sont près à véritablement t'aider.

Ne considère pas ce service comme une lecture gratuite et que tu offres ton livre. Ces relecteurs passent du temps et même s'ils se divertissent (et tant mieux), ils lisent avec attention ton texte et prennent le temps de te faire un retour selon tes demandes.
Note : Tous ces conseils s'appliquent également pour les chroniqueurs.

Autres ressources

ARTICLES

Toutes mes ressources gratuites sur autoediterunlivre.com

Relire et corriger son manuscrit pour l'autoéditer
https://autoediterunlivre.com/relire-corriger-manuscrit/

Autoédité : pourquoi faire appel à une bêta-lectrice et correctrice professionnelle ?
https://autoediterunlivre.com/beta-lectrice-et-correctrice-professionnelle/

Et mon avis en tant que Romancière Autoéditée sur mon site d'auteur :
https://emilievarrier.com/betas-lecteurs-un-binome-ideal-se-fait-relire-et-corriger/

ÉTAPE 3 : CORRECTION

C'est quoi la correction d'un livre ?

 Tu as beau avoir lu et relu, et même fait relire ton manuscrit, cela ne signifie pas que ton texte est corrigé.

Pour cela, tu dois effectuer **une correction orthographique et grammaticale** de ton manuscrit. Cela comprend aussi les tournures de phrases, les problèmes de vocabulaire, les pléonasmes, les tics d'écriture…

Il en va de ton image d'auteur. Et en tant qu'autoédité, tu es attendu sur ce point. Bien entendu, il est fortement probable qu'un espace ou un « s » en trop passe au travers des multiples vérifications. Nous avons tous le droit à l'erreur et c'est aussi le cas des auteurs publiés par une maison d'édition.

Cependant, dans l'autoédition, tu dois être particulièrement vigilant car personne d'autre que toi n'est responsable de la correction de ton manuscrit.

Les avantages d'une correction soignée

Peu importe les moyens utilisés, le but d'une correction est d'obtenir :
- ☐ un texte sans fautes d'orthographe, de grammaire ni de syntaxe[5] ;
- ☐ un texte de qualité qui démontre le sérieux de ta démarche ;
- ☐ une lecture fluide qui permet au lecteur de s'intéresser au fond en oubliant la forme ;
- ☐ la certitude de fournir un livre de qualité professionnelle lorsque cette étape est confiée à un expert.

Cette partie peut être déléguée. Mais elle ne peut pas être évitée !

Éléments nécessaires

Pour cette étape, tu as besoin :
- ☐ de ton manuscrit terminé et relu (il n'est plus question de modifier le fond suite à la correction)
- ☐ (facultatif) d'un fichier de suivi de tes correcteurs
- ☐ (facultatif) d'un logiciel de correction orthographique (voir plus loin dans le chapitre)

---

[5] Ordre des mots dans une phrase et la façon de les relier entre eux conformément aux règles linguistiques. Source : Antidote

Délais nécessaires

2 mois avant la sortie

Que tu passes par un professionnel ou que tu décides de corriger toi-même ton livre, cette étape prend **entre 3 semaines et 2 mois**. Bien sûr, tout dépend de tes compétences et du temps que tu investis dans l'autoédition de ton livre.

Comment corriger ton manuscrit

Plusieurs solutions s'offrent à toi.

1. Corriger toi-même ton manuscrit

La première des possibilités est de corriger toi-même ton texte. Ce n'est possible que si tu as un bon niveau en français. Au moins pour détecter les plus grosses fautes (accords en genre et en nombre, conjugaison...) Tu dois sans cesse te questionner afin de vérifier que chaque mot, chaque phrase et chaque élément est écrit de la bonne manière.

Les limites de cette solution : le cerveau humain. Il est reconnu que personne, même un expert de la langue française, n'est en capacité de réellement pouvoir corriger une de ses propres productions. En effet, en tant qu'auteur, tu es habitué à te lire et à te relire. Tu ne vois plus le texte comme « nouveau », ton esprit s'égare facilement dans le fond au lieu de se préoccuper de la forme.

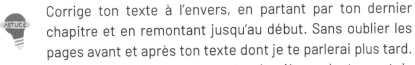

Corrige ton texte à l'envers, en partant par ton dernier chapitre et en remontant jusqu'au début. Sans oublier les pages avant et après ton texte dont je te parlerai plus tard. Et surtout, laisse du temps entre ta dernière relecture et la correction de ton texte dans son ensemble. Cela te permet de « l'oublier » un peu et d'être plus attentif aux fautes.

2. Utiliser un logiciel de correction

Pour compléter cette première solution, je te conseille l'utilisation d'un logiciel de correction.

Je te recommande le logiciel *Antidote*. Il coûte environ 100 €. Bien entendu, cela ne remplace pas un correcteur professionnel, mais c'est un outil intermédiaire.

En plus de t'alerter sur les erreurs éventuelles, le logiciel t'explique les règles à suivre et t'affiche les options possibles le cas échéant. Il n'est pas question de laisser une machine corriger à ta place, et tu ne peux (dois) pas accepter toutes les corrections proposées. Cependant, les fautes les plus grossières sont évitées, le texte est harmonisé et les phrases sont correctement construites.

LE PLUS

Tu peux utiliser le logiciel *Antidote* au cours de la réécriture de ton texte, après le premier jet. En effet, le logiciel te montre les tournures longues et pesantes, les répétitions, ainsi que le vocabulaire éventuellement inapproprié. Tu le verras par la suite, mais le correcteur *Antidote* est un outil extraordinaire pour gérer la typographie de ton œuvre.

Faire appel à un tiers amateur

Une autre solution consiste à faire appel à une ou plusieurs personnes de ton entourage qui s'y connaissent en orthographe et en grammaire. Certains métiers comme professeur des écoles, professeur de français, journaliste, rédacteur, ainsi que les autres auteurs de ta communauté, peuvent t'aider dans cette étape.

Certains bêtas-lecteurs t'offriront peut-être aussi une correction plus ou moins poussée lors de leur relecture.

Faire appel à un correcteur professionnel

Enfin, si tu veux être certain que ton texte ne soit pas truffé de fautes de grammaire et d'orthographe, ou qu'il ne reste pas de coquille, le mieux est de **passer par un expert**. Tu t'assures ainsi d'un **résultat optimal** et de **qualité professionnelle**.

En général, un correcteur dont c'est le métier te donnera même quelques conseils et explications sur les tournures de tes phrases. Comme je te le disais, les correcteurs sont souvent bêtas-lecteurs également.

De plus, nombre de correcteurs se chargent de la typographie (dont je te parlerai à l'étape de la mise en page de ton manuscrit). Certains disent savoir mettre en page ton document. Dans ce cas, veille à bien cerner son expérience dans le domaine. Il se peut que le résultat ne soit pas à la hauteur de tes attentes et de tes besoins dans l'autoédition.

Les étapes de la correction

Si tu gères toi-même la correction, les étapes sont différentes en fonction de la stratégie adoptée. Je te donne quelques ressources plus loin (articles et blogs).

Si tu confies cette tâche à un professionnel, les étapes sont identiques à celles de la recherche de bêtas-lecteurs. Sauf que cette fois, tu n'as besoin que d'un professionnel. Plusieurs tiers s'il s'agit de proches amateurs.

Une fois cette étape terminée, coche-là dans la liste des tâches en fin de livre !

Se faire aider dans cette étape

 Dans le cas où tu optes pour la correction professionnelle, tu peux faire appel aux membres de l'équipe de **Co-Autoédition** : des professionnels de confiance que j'ai personnellement sélectionnés. Et tu profites de remises spéciales !

Angie Corrections : Bêta-lectrice et correctrice professionnelle, auteure de récits de vie. D'autres contacts t'attendent également ici : https://autoediterunlivre.com/correction-professionnelle/

Budget à prévoir

Une correction complète de l'orthographe et de la grammaire, en plus de la typographie coûtera **entre 400 et 900 €** selon l'approfondissement de la correction et l'état du texte au départ. Le nombre de mots compte aussi pour beaucoup dans la facturation de ce service.
Tu obtiens un fichier corrigé et prêt à être mis en forme et en page.

Attention à la fraude !

Vérifie que le professionnel :
- ☐ ait de l'expérience dans ce domaine,
- ☐ soit réellement un professionnel (rappelle-toi qu'un site Internet ne démontre pas toujours le sérieux de la personne),

- ☐ soit compétent en lisant les avis des auteurs ayant fait appel à ses services,
- ☐ te fournisse ce que tu attends en fin de prestation : un manuscrit corrigé professionnellement,
- ☐ puisse te donner des délais et qu'il les respecte.

Autres ressources

ARTICLES

Toutes mes ressources gratuites sur autoediterunlivre.com

Relire et corriger son manuscrit pour l'autoéditer
https://autoediterunlivre.com/relire-corriger-manuscrit/

Autoédité : pourquoi faire appel à une bêta-lectrice et correctrice professionnelle ?
https://autoediterunlivre.com/beta-lectrice-et-correctrice-professionnelle/

LES AUTRES ARTICLES UTILES

Le blog d'Éléonore sur Bêta-Lecture & Co est rempli d'astuces et de conseils. Cette bêta-lectrice et correctrice professionnelle appelle « correction » la partie de relecture et de correction orthographique que je sépare en deux étapes dans ce livre. Voici quelques-uns de ses articles.

Auteur, 5 astuces pour corriger sereinement votre roman
https://beta-lecture-and-co.fr/blog/auteur-5-astuces-pour-corriger-sereinement-votre-roman/

Corriger son premier jet de roman en 12 étapes (3 parties)
https://beta-lecture-and-co.fr/blog/corriger-son-premier-jet-de-roman-en-12-etapes-1re-partie/

Écrire, c'est (aussi beaucoup) corriger !
https://beta-lecture-and-co.fr/blog/ecrire-cest-aussi-beaucoup-corriger/

ÉTAPE 4 : CHOIX DE LA PLATEFORME

Avant de passer à la suite du travail à effectuer sur le manuscrit, je t'invite à t'arrêter quelque temps sur un **choix stratégique déterminant** : le choix de la plateforme d'autoédition de ton livre.
Tu peux profiter du temps de relecture et/ou de correction que les tiers que tu as sélectionnés prendront pour gérer cette étape. Ce qui compte c'est de prendre ta décision avant de mettre en page ton livre pour éviter de devoir tout recommencer.

C'est quoi une plateforme d'autoédition ?

Concrètement, **une plateforme d'autoédition** est un site Internet géré par une entreprise qui se dédie à la diffusion (affichage et vente) et distribution (paiement et envoi) de livres. Mais contrairement à une maison d'édition, c'est l'auteur qui choisit l'entreprise.

L'auteur a la possibilité de publier son livre dans la librairie en ligne du site Internet et parfois sur d'autres plateformes (sites), que ce soit au format numérique (ebook, PDF), ou papier (broché, relié, poche) et même audio (audiobook).

L'auteur fournit les documents (couverture, manuscrit, description...) et c'est la plateforme qui se charge d'afficher, de vendre et d'envoyer le livre.

Quand je parle de « vendre », cela ne signifie pas que la plateforme fait la promotion de ton livre ! La plateforme permet simplement aux lecteurs intéressés de **connaître les détails concernant ton livre** et de l'acheter s'il le souhaite. Dans sa forme de base, c'est simplement un site marchand, c'est-à-dire un intermédiaire entre toi et le lecteur. Certaines proposent des services de promotion, mais pas toutes.

L'important est de comprendre qu'en général, une plateforme d'autoédition est aussi une plateforme d'impression à la demande. Cela signifie que seuls les exemplaires commandés par l'auteur ou les lecteurs sont imprimés. Aucun stock, aucune avance de frais, aucune prise de risque !

Certains auteurs choisissent tout de même de faire appel à un imprimeur indépendant, à qui ils commanderont des dizaines ou des centaines d'exemplaires à stocker chez eux. Mais cela fait partie d'une stratégie plus avancée, pour des auteurs qui possèdent déjà une communauté forte et active à la sortie de leurs ouvrages.

Éléments nécessaires

Pour cette étape, tu as besoin :
- ☐ d'un navigateur Internet,
- ☐ de ce livre ou d'une feuille pour prendre des notes.

Délais nécessaires

2 mois avant la sortie

Tu peux choisir la plateforme quand tu veux. Mais tu as besoin de connaître certains détails fournis par l'entreprise de ton choix avant de passer aux étapes suivantes (taille du livre, gabarit de la couverture...).

Comment faire pour choisir la plateforme idéale pour toi

Il existe de très nombreuses plateformes d'autoédition. Mais certaines sont plus connues et ont donc plus d'expérience. Chacune a un avantage particulier, et elles gagneront tes préférences en fonction de ta situation.

 J'ai publié un comparatif dans un article, ainsi que des vidéos sur ma chaine, je te les présente en fin de chapitre.

Parmi les plus connues, voici celles dont je parle le plus souvent et qui sont généralement utilisées par les auteurs autoédités :
- Amazon Kindle Direct Publishing (KDP)
- TheBookEditon
- Bookelis
- Book on Demand (BoD)
- Librinova
- Publishroom Factory

1. Plusieurs plateformes pour un seul livre

En général, une seule plateforme est suffisante. Mais tu peux aussi choisir de publier ton livre sur plusieurs d'entre elles à la fois. Par exemple, Amazon KDP pour profiter de sa renommée et de sa visibilité, et Bookelis pour permettre aux lecteurs réticents face à la marque Américaine de s'offrir ton livre sans bafouer leurs idéaux.

2. Un outil pour choisir la meilleure plateforme selon tes besoins

Dans la fiche suivante, je te propose un tableau un peu spécial pour t'aider dans ce choix difficile. Je n'ai pris en compte que certaines des plateformes existantes.

J'ai effectué de nombreuses recherches à leur sujet, et j'ai l'habitude de travailler avec certaines d'entre elles. Il s'agit d'une simple référence, influencée par mon propre prisme à la fois personnel et professionnel, mais si tu en es ici de ta lecture, c'est que nous partageons potentiellement les mêmes valeurs et avis.

 Une fois que tu auras sélectionné la plateforme de ton choix, pense à regarder la taille du livre qui te convient le mieux et complète la Fiche « Mon livre ».
Tu peux aussi t'aider de la « FICHE TECHNIQUE : Taille des livres ».

 Une fois cette étape terminée, coche-là dans la liste des tâches en fin de livre !

FICHE : CHOISIR LA PLATEFORME D'AUTOÉDITION IDÉALE

Lis les questions et coche la ligne lorsque la réponse est affirmative. Tu peux aussi fluauter toute la ligne dans ce cas.

À la fin, il ne te reste plus qu'à compter le nombre de « X » (lignes fluautées) dans chaque colonne.

La plateforme ayant obtenu le plus grand chiffre semble être le meilleur choix selon tes besoins.

Question	Oui	Amazon	TheBookEdition	Bookelis	Book on Demand	Librinova	Publishroom Factory
Je veux juste que mon livre soit mis en vente gratuitement	☐	X	X	X			
Je veux profiter de la renommée de la librairie en ligne	☐	X					
J'ai besoin d'un suivi particulier	☐	X – avec un tiers	X – avec services payants	X – avec services payants	X – inclus dans pack payant	X – inclus dans pack payant	X – inclus dans pack payant
J'ai besoin de services supplémentaires fournis	☐		X	X	X	X	X

ÉTAPE 4 : CHOIX DE LA PLATEFORME

Question	Oui	Amazon	TheBookEdition	Bookelis	Book on Demand	Librinova	Publishroom Factory
Je veux une entreprise française ou européenne	☐		X	X	X	X	X
Je ne veux pas devoir signer de contrat	☐	X	X	X			
Je veux commander un BAT*	☐	X			X		
Je veux une diffusion sur le site de la FNAC automatique	☐		X	X	X	X	X
Je veux un référencement en librairie indépendante physique	☐		X	X	X	X	X
Je veux un format poche	☐	X – avec ajustements	X	X	X		X
Nombre de ☒							

*BAT : Bon à tirer, épreuve de livre papier, exemplaire non soumis à la vente, imprimé et envoyé à l'auteur pour vérifier le rendu final du livre avant la publication.

Se faire aider dans cette étape

Si le choix de la plateforme reste confus pour toi, je t'invite à utiliser les ressources présentées un peu plus loin.

Bien entendu, tu peux aussi me demander directement conseil, que ce soit pour que je t'aide dans ton choix, ou simplement pour confirmer ta décision. Pour cela, c'est simple, il te suffit de **réserver un entretien gratuit** sur mon site Internet autoediterunlivre.com, onglet « Entretien gratuit ».

 Obtiens les réponses à tes questions, un regain de motivation et un éclairage personnalisé sur ta situation en tant qu'auteur.

« Les auteurs ayant bénéficié de cet entretien disent avoir obtenu un coup de pouce, un regain de motivation et un éclairage personnalisé sur leur situation en tant qu'auteur. »

Choisis la date et l'heure de ton choix en te rendant sur autoediterunlivre.com, onglet « Entretien Gratuit ». En scannant le QR Code ci-dessous, tu rejoindras directement mon site Internet.

> Entretien téléphonique gratuit et sans engagement.

Autres ressources

ARTICLES

Toutes mes ressources gratuites sur autoediterunlivre.com

Comparatif des plateformes d'autoédition
https://autoediterunlivre.com/plateformes-autoedition/

VIDÉOS

Comparatif : Amazon KDP, TheBookEditon, Bookelis - Partie 1
https://youtu.be/gtL2sxkJS8U

Comparatif : BoD, Librinova, Publishroom - Partie 2
https://youtu.be/MRpZMVlpqgg

De nombreuses autres vidéos sont disponibles sur YouTube. Je t'invite à chercher les avis dont tu as besoin pour affiner ton choix si tu n'as pas encore décidé.

ÉTAPE 5 : DEMANDE DE NUMÉRO ISBN

Cette étape fait partie des tâches de **légalisation de ton livre**. Celle-ci est facultative. En effet, de nombreuses plateformes fournissent un numéro ISBN au moment de la création du livre. Je te conseille de lire la suite pour savoir rapidement ce qui te convient le mieux.

C'est quoi un numéro ISBN ?

Numéro ISBN
« L'ISBN est un numéro international normalisé permettant l'identification d'un livre. » (Source : AFNIL[6])

Il s'agit du sigle provenant de l'anglais « *International Standard Book Number* ». Un numéro ISBN est un code numérique inscrit sur chaque ouvrage vendu. Tu le trouveras au dos des romans, souvent complété par le code-barres correspondant.

Chaque livre vendu en France doit posséder un numéro ISBN qui lui est propre. Mais lorsque tu autoédites pour donner (gratuitement) ton livre à ta famille et à tes connaissances, tu n'es pas obligé de lui attribuer un numéro ISBN. Dans tous les autres cas, **c'est une obligation légale** !

---

[6] L'AFNIL est l'agence francophone pour la numérotation internationale du livre, c'est elle qui attribue les numéros ISBN.

Ce numéro à 13 chiffres permet d'identifier
- que le produit est bien un livre,
- son groupe national, linguistique ou géographique,
- l'éditeur (toi, en tant qu'auteur autoédité)
- et l'édition en elle-même,
- ainsi qu'une clé de contrôle.

Si tu utilises le numéro ISBN fourni par une plateforme, c'est celle-ci qui est identifiée comme éditeur, pas toi.

La demande est payante, mais tu peux obtenir des numéros ISBN à volonté en effectuant une demande de liste complémentaire gratuite.

UN NUMÉRO ISBN POUR CHAQUE FORMAT DE TON LIVRE

Chez l'AFNIL, ton livre est identifié comme un « titre ». Et celui-ci peut être publié sous différentes versions :
- ☐ livre broché taille A
- ☐ livre broché taille B
- ☐ livre relié taille C
- ☐ livre poche
- ☐ ebook
- ☐ PDF
- ☐ audiobook (livre audio)

Et chacune de ces versions doit être identifiée par son propre numéro ISBN, généralement tiré de la liste fournie par l'AFNIL.
Si tu décides de publier ton livre sur plusieurs plateformes et que la taille de ton livre est différente sur chacune d'elle, tu dois alors prévoir un numéro ISBN pour chacune de ces deux versions de ton livre papier.

Éléments nécessaires

Pour cette étape, tu as besoin :
- ☐ des informations générales concernant ton livre (titre, prix de vente, versions...),
- ☐ de tes coordonnées personnelles,
- ☐ d'un moyen de paiement (carte bancaire, PayPal, Paylib),
- ☐ *(Facultatif)* si tu es autoentrepreneur et que c'est ton entreprise qui gère les frais d'autoédition : ton Certificat d'inscription au Répertoire des Entreprises et des Établissements (SIRENE).

Délais nécessaires

1 mois avant la sortie

Occupe-toi de cette démarche dès que possible. Sache qu'il faut compter **3 semaines** pour recevoir ta liste de numéros ISBN. Prends garde à effectuer la demande en avance, car une fois reçus, cela impactera la mise en page, la couverture et même le dépôt légal.
Si tu es pressé, ou en retard, tu peux faire une demande urgente mais cela entraîne un surcoût.

Comment faire la demande de numéro ISBN

Si tu décides de commander tes propres numéros ISBN, il te suffit de te rendre sur le site Internet de l'AFNIL.
https://www.afnil.org/

De là, tu peux faire une demande en tant qu'auteur particulier autoédité (ce que je recommande) ou en tant que société (selon ton statut - voir l'étape BONUS à la fin de ce livre).

Puis, il ne te reste plus qu'à remplir un formulaire, en 4 étapes pour l'auteur, ou en 5 pour la société type microentreprise par exemple. Cela ne prend que **quelques minutes**.

La demande est payante, elle coûte 36 € TTC (à l'heure où j'écris ce livre). Mais les tarifs augmentent régulièrement.

Si tu décides d'opter pour la demande en 2 jours ouvrés, il te faudra payer 66 € TTC. Veille donc à t'y prendre en avance pour éviter ce surcoût inutile.

Une fois la demande envoyée (et le paiement reçu par l'AFNIL), tu reçois un email de confirmation. Puis, 2 jours ou 3 semaines plus tard, un email arrive dans ta boite de réception. Celui-ci contient ta liste de numéro ISBN. Il arrive que seul un numéro ait été attribué. Tout dépend des réponses complétées.

Mais rassure-toi, tu peux toujours retourner sur le site de l'AFNIL et remplir un autre formulaire afin d'effectuer une **demande de liste complémentaire**. Cette fois, la demande est gratuite. Mais il faut à nouveau attendre 3 semaines pour les recevoir ! Tu peux, encore une fois, opter pour un envoi rapide en 2 jours, ce qui te coûtera 21,60 € HT de plus. D'où l'importance de prendre de l'avance sur cette étape administrative.

Tutoriel clic par clic

J'ai créé un tutoriel gratuit et en image pour t'aider à effectuer la demande de numéro ISBN par toi-même. Il prendrait trop de place dans ce livre si je l'y avais intégré. Je t'invite donc à compléter la fiche de la page suivante puis à te rendre sur mon site Internet pour lire l'article à ce sujet.

Faire sa demande d'ISBN à l'AFNIL : le tutoriel clic par clic.
https://autoediterunlivre.com/isbn-a-lafnil/

 Une fois cette étape terminée, coche-là dans la liste des tâches en fin de livre !

FICHE : PRÉPARER MA DEMANDE DE NUMÉROS ISBN

Complète cette fiche et lis mes conseils avant de faire ta demande.
- ☐ Nom et prénom complets : ....
- ☐ Pseudo d'auteur (facultatif) : ....
- ☐ Adresse postale complète : ....
- ☐ Numéro de téléphone : ....
- ☐ Adresse email : ....
- ☐ Site Internet (facultatif) : ....
- ☐ Titre du livre (même provisoire) : ....
- ☐ Prix de vente approximatif (tu pourras le changer sans devoir prévenir l'AFNIL) : .... €
- ☐ Nombre de titres prévu par an* : ....
- ☐ Types de livre* :
    - ☐ Livre papier
    - ☐ Livre numérique
    - ☐ Autres
- ☐ Circuit de commercialisation prévu*
    - ☐ Vente en librairie
    - ☐ Vente par correspondance
    - ☐ Vente en ligne
    - ☐ Vente autre (salons, marché...)

*Même si tu n'as qu'un livre au moment de ta demande d'ISBN, et que tu n'as pas prévu de publier toutes les versions proposées, ni même de proposer ton livre en librairie, coche toutes les cases ! Pense aux mois et aux années à venir, et donc aux prochains livres que tu autoéditeras peut-être ainsi qu'au fait que tu changeras sûrement d'avis. Ces réponses pourraient impacter le nombre de numéros ISBN fournis par l'AFNIL.

Se faire aider dans cette étape

Si après la lecture de ce chapitre, tu sens que tu n'as pas envie, ou pas le temps de t'occuper de la demande de numéro ISBN, sache que tu peux me confier cette démarche.

 Étape rébarbative, les auteurs apprécient de s'en décharger. Pour cela, il te suffit de **réserver un entretien gratuit** sur mon site Internet autoediterunlivre.com, onglet « Entretien gratuit ».

Tu pourras en profiter pour me poser tes questions particulières sur l'autoédition !

Choisis la date et l'heure de ton choix en te rendant sur autoediterunlivre.com, onglet « Entretien Gratuit ». En scannant le QR Code ci-dessous, tu rejoindras directement mon site Internet.

> Entretien téléphonique gratuit et sans engagement.

Budget à prévoir

Il faut **compter 36 € TTC** si tu gères la demande seul.
Si tu confies cette tâche à un tiers, **prévois 75 € TTC.**

Tu obtiens une liste complète de numéro ISBN en tant qu'éditeur de ton livre, ainsi que les code-barres correspondants.

Attention à la fraude !

Vérifie que le professionnel :
- te fournisse bel et bien des numéros qui t'identifient TOI en tant qu'auteur, et non pas sa propre entreprise,
- ajoute bien tes coordonnées afin que l'AFNIL puisse toujours te contacter, tu peux aussi recevoir les numéros directement dans ta boite email,
- te fournisse les code-barres sans supplément financier.

De nombreuses plateformes ou imprimeurs te fournissent le numéro ISBN de ton livre. C'est alors leur marque qui est identifiée comme l'éditeur, pas toi ! Tu ne peux donc pas l'utiliser comme bon te semble par la suite.

Autres ressources

ARTICLES

Toutes mes ressources gratuites sur autoediterunlivre.com

C'est quoi l'ISBN d'un livre ? Numéros ISBN ebook et code-barres : des explications complètes et détaillées si tu veux en savoir plus sur cette démarche.
https://autoediterunlivre.com/isbn-livre/

Faire sa demande d'ISBN à l'AFNIL : le tutoriel clic par clic.
https://autoediterunlivre.com/isbn-a-lafnil/

VIDÉOS

C'est quoi l'ISBN d'un livre ? Numéros ISBN ebook et code-barres :
https://youtu.be/wOw1g926kZI

ÉTAPE 6 : MISE EN PAGE

Te voici enfin arrivé à une des étapes de création de ton livre à proprement dite.

C'est quoi la mise en page ?

 Avec la mise en page, tu entres pleinement dans la création de ton livre. Il s'agit d'un **travail à la fois créatif, administratif et technique**. Il demande du savoir-faire sur le logiciel de traitement de texte ou sur le logiciel graphique, ainsi qu'un certain regard artistique. Les connaissances en matière de création du livre sont importantes également.

Concrètement, il s'agit de transformer un simple texte en **maquette prête à être imprimée**. Il faut paramétrer le fichier de manière à ce qu'une imprimante spécialisée puisse créer ton livre. Le but est que le rendu soit agréable à lire pour le lecteur, et utilisable pour l'imprimeur.

De plus, il faut respecter certaines **règles du monde littéraire**, que ce soit dans l'édition dite classique, ou en autoédition. Je ne parle pas seulement d'obligations pratiques et légales. Il s'agit surtout de repères pour le lecteur qui facilitent sa lecture. Le but est que ce dernier soit satisfait. Il serait dommage de bâcler cette étape. Et tu dois en être fier.

Si la mise en page d'un livre n'est pas adéquate, les lecteurs seront insatisfaits, ils se fatigueront au bout de quelques pages et ils arrêteront de lire pour un détail de présentation trop gênant à leurs yeux. Et puis, le lecteur a besoin de repères. Il est habitué à lire des livres, souvent édités en maison d'édition. En autoédition, il vaut mieux suivre ces règles, tout au moins certaines d'entre elles.

Par ailleurs, il faut différencier la mise en page d'un livre broché, du livre numérique, d'un livre poche. Prends garde aussi à tenir compte du genre du livre. La mise en page sera différente pour les livres de fiction type roman, et de non-fiction, comme les essais, les livres de développement personnel, ou technique par exemple.

À la fin de cette étape

Une fois achevée la mise en page, tu obtiens **les fichiers nécessaires à l'autoédition de ton livre** : des fichiers différents selon les versions que tu souhaites publier et ce que demandent les plateformes. Pour t'aider, voici un récapitulatif des formats demandés par 3 des plateformes d'autoédition citées à l'étape 4.

Plateformes & formats de livre	Livre papier		Ebook	
	Format conseillé	Autres formats possibles	Format conseillé	Autres formats possibles
Amazon KDP	PDF	DOC DOCX HTML RTF	DOCX	EPUB KPF
TheBookEdition	PDF		EPUB	
Bookelis	PDF	DOC DOCX ODT RTF	DOC DOCX sans couverture intégrée	EPUB avec couverture intégrée

Éléments nécessaires

Pour cette étape, tu as besoin :
- ☐ de ton manuscrit terminé, relu et corrigé,
- ☐ de la taille finale de ton livre, selon ce qui est préconisé sur la plateforme de ton choix,
- ☐ d'un logiciel de traitement de texte : Word est le plus conseiller,
- ☐ des connaissances de base ou avancées du logiciel de traitement de texte,
- ☐ (*facultatif*) d'un logiciel graphique comme InDesign par exemple : si tu maîtrises cet outil et si ton livre le nécessite (images, photos, illustrations...),
- ☐ de ton ou tes numéro(s) ISBN. Mais tu peux l'ajouter ultérieurement.

Délais nécessaires

1 mois avant la sortie

Tout dépend de tes connaissances en la matière et de la taille et de la complexité de ton manuscrit. Cela peut te prendre des mois, comme des jours ou seulement quelques heures.

Je te conseille de t'y mettre **au moins un mois** avant la sortie prévue de ton livre.

Comment faire la mise en page de son livre

Word étant le plus connu et le plus utilisé, je vais te conseiller sur ce logiciel de traitement de texte. Lorsque tu en seras à cette étape, n'hésite pas à cocher les cases, lorsque j'en ai mis, afin de t'assurer d'avoir travaillé sur les points énoncés.

1. Créer ton document

Tout d'abord, je te recommande de créer un nouveau fichier. Ainsi, tu éviteras tous les micro bugs, les erreurs invisibles, qui risquent de te gêner ultérieurement.

Ensuite, il s'agit de paramétrer ton document.

 La plupart des options se trouvent dans l'onglet « Mise en page » et le groupe de commandes « Mise en page ».

Ton fichier doit être de la **taille de ton futur livre**, en largeur et en hauteur, et ce au millimètre près !

2. Paramétrer les marges de ton livre

Concernant les marges, les plateformes te conseillent sur ce point. Ici, nous ne sommes pas au millimètre près. Je vais te donner des indications, mais c'est à toi de l'adapter en fonction de ton contenu.

SOURCE D'INFORMATION SUPPLÉMENTAIRE

Toutes mes ressources gratuites sur autoediterunlivre.com

Amazon KDP : définir la taille de coupe, le fond perdu et les marges… https://kdp.amazon.com/fr_FR/help/topic/GVBQ3CMEQ W3W2VL6

Amazon KDP : instructions détaillées pour Word
https://kdp.amazon.com/fr_FR/help/topic/G202145400

Bookelis : tailles, et gabarits intérieurs
https://www.bookelis.com/content/104-imprimer-un-livre-papier-et-format

TheBookEdition : gabarits intérieurs et guides
https://www.thebookedition.com/fr/content/80-reussir-mise-en-page-livre

Tu obtiens en général une image avec des mesures précises et personnalisées en fonction de ton livre et de ses caractéristiques (taille, nombre de pages...)

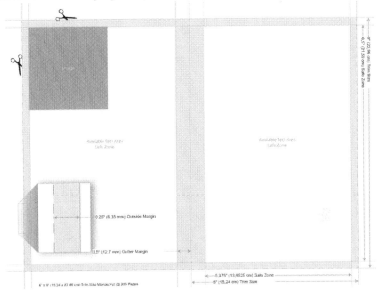

Exemple de marges indiquées par Amazon KDP pour un livre de 15,24 cm x 22,86 cm.[7]

À SAVOIR

Les marges des pages d'un livre doivent être **symétriques**. En effet, la partie intérieure des pages doit être plus large afin de permettre de coller les pages entre elles, ou de les relier.

---

[7] Chaque livre est différent, il est inutile d'essayer de lire les chiffres de ce modèle. Ce n'est qu'un exemple.

Dans la fenêtre « Mise en page », partie « pages », sélectionner « pages en vis à vis » de l'onglet « Marges ».
Le bord extérieur est l'espace entre le texte et le bord extérieur de la page. Celui-ci doit être assez large pour permettre au lecteur de tenir le livre entre ses mains, sans cacher son contenu avec son pouce.

 Je conseille de régler la **marge extérieure entre 1,5 et 2 cm.**

Le bord intérieur se situe au niveau de la reliure du livre, à l'intérieur du livre, c'est-à-dire où seront collées ou reliées les pages entre elles.

 La **marge intérieure** devrait mesurer entre **2 et 2,5 cm.**

Quant au haut et au bas de page, ils peuvent être identiques.
Mais tout dépend du contenu, s'il y a des entêtes et des notes de bas de page. Dans tous les cas, il vaut mieux aérer.

 Le **haut** et le **bas de page** peuvent être **d'environ 2 cm.**

PLUS

 Sélectionne la case « Appliquer à toutes les pages » lorsque tu modifies un paramètre de ton document.
J'aimerais préciser que ces chiffres ne sont donnés que de manière indicative. Car bien entendu, si tu as sélectionné des tailles de livre spécifiques, comme le livre poche par exemple, ou si ton livre est un recueil de poésies, il est évident que les marges devront être différentes. Dans ce cas, il te suffit d'aller dans une librairie et de prendre exemple sur les livres du même genre ou du même style.

Il faut aussi faire attention au nombre de pages. Car plus il y a de pages, plus il faut augmenter la taille du bord intérieur car il faut pouvoir ouvrir le livre et le lire sans peine.

Lorsque c'est possible, prévisualise ton document sur la plateforme choisie. Cela te permettra de t'assurer que ton texte est bien centré sur la page.

3. Pages liminaires — pages situées avant ton texte

Les pages liminaires correspondent à tout le contenu qui apparait avant le premier chapitre ou le corps du texte principal.
Si tu ne sais pas de quoi je parle, ouvre n'importe quel livre de ta bibliothèque. Tu verras qu'il compte un certain nombre de pages, avant et après le contenu de l'ouvrage. Parfois, il s'agit de pages blanches. D'autres fois, de petites lignes que presque personne ne lit… sauf moi !

Première chose à retenir : les pages de **gauche** d'un livre sont toujours les **pages paires** (2, 4, 6, 8…). À **droite**, nous avons donc les **pages impaires** (1, 3, 5, 7…).
Quand tu ouvres un livre, une fois la couverture passée, la première page commence toujours par une page impaire, la page de droite. C'est la numéro 1.

Il y a certaines règles à suivre, mais tout n'est pas obligatoire. Ici, je te conseille un ordre que j'utilise pour tous les livres que je Co-Autoédite. Il est inspiré des livres édités en maison d'édition et il est cohérent. Lorsque j'écris qu'une page est « vide », cela signifie qu'on ne doit rien y voir, ni entête ni pied de page.
- Page 1 et 2 — Recto et verso, ces pages restent vides
- Page 3 - **La page de faux titre** : cette page te permettra de rédiger tes dédicaces le moment venu. Tu dois y insérer ton titre. Rien d'autre ne doit se voir : ni nom d'auteur ni numéro de page ni entête.
- Page 4 - Le verso de la première page de titre reste vide.
- Page 5 - **La page de titre** : cette fois tu ajoutes ton nom d'auteur au titre de ton livre. Tu peux également insérer la collection ou la série à laquelle appartient ton œuvre, ainsi que ton sous-titre. Cette page ne contient ni numéro de page ni entête.

- Page 6 – **La page des mentions légales** : elle se trouve au verso de la page de titre. Tu indiques les mentions légales obligatoires et facultatives. Je te donne les détails plus loin.
- Pages suivantes – **Préface, page de dédicace** : elles se trouvent sur des pages impaires et ne contiennent un numéro de page et des entêtes que si elles font plus d'une page.
- **La table des matières ou sommaire** : cette page commence sur une page impaire, elle peut s'étendre à plusieurs pages et elle ne contient ni numéro de page ni entête. Tu peux la placer en début ou en fin de livre. Et elle n'est pas obligatoire pour les livres imprimés, notamment pour les romans. Si les titres de chapitres ne contiennent que des numéros, elle est inutile.

4. Corps liminaire – corps de ton texte

Le corps liminaire correspond à **tout le contenu** qui se trouve entre les pages liminaires et les pages annexes. Le corps liminaire correspondant en général à **toutes les pages et tous les chapitres.**

Il est temps d'insérer le contenu de ton manuscrit dans ce fichier, sans aucune mise en page ni mise en forme. Tu peux en conserver quelques-unes en ajustant ton « coller » (combiner le format) si tu as déjà fait un gros travail sur ton fichier à l'origine en ajoutant des gras et italiques.

Puis, il faut paramétrer ton texte afin qu'il corresponde au Style de Titre « Normal ». Tu feras de même pour les titres. J'y reviens juste après. Tu peux le renommer si tu préfères, ou créer un nouveau style spécial. Peu importe.

 Les « Styles de Titres » se trouvent dans l'onglet « Accueil » et le groupe de commandes « Styles ». En cliquant sur la petite flèche en bas à droite de ce groupe, tu peux afficher l'outil complet et ainsi créer de nouveaux styles à volonté. Attention à ne pas en abuser !

CHOISIR LES POLICES D'ÉCRITURE

Il est temps de régler la police et sa taille et vérifier le rendu sur ton texte. Pense à bien justifier ton texte afin que toutes les lignes soient bien alignées à droite, comme ici, dans ce livre. Le contraire serait le travail d'un amateur !

Afin de choisir la police d'écriture qui mettra le mieux en valeur ton livre, il faut différencier les types de polices, avec ou sans sérif. C'est-à-dire avec ou sans empattement.

- Sans empattement (sans sérif)

Aa

- Avec empattement (avec sérif)

Aa

À l'origine, les polices d'écriture sans empâtements sont plus adaptées aux textes plutôt courts, les encadrés, les titres, les essais. Celles avec empâtements sont idéales pour les récits, les romans, les textes longs.

Mais comme tu peux le voir dans ce livre, les règles sont faites pour être détournées ! Nous sommes de plus en plus habitués à lire des textes, même longs, avec des polices sans empattement (sans sérif). Je dirais même que cela correspond davantage à un style.

Par exemple, j'ai choisi la police *Cambria* pour mes Romances Optimistes (fictions). Mais je préfère la police *Roboto* pour ce livre davantage tourné sur l'enseignement et les explications (non-fiction).

Concernant la taille de la police d'écriture, je dirais qu'elle devrait être comprise **entre 11 et 13 points**.

Mais tout dépend de la police choisie. Par exemple, la *Garamond* est plus petite que la *Cambria* et risque d'être moins lisible si tu conserves la même taille.

Bien évidemment, tu peux choisir une police d'écriture différente pour tes titres que pour ton texte. Mais attention à ne pas abuser. Le lecteur doit pouvoir s'y retrouver facilement, surtout si tu écris un livre de non-fiction avec de nombreux titres et sous-titres.

Si tu n'as aucune idée des polices, sache que les plus communes pour un livre imprimé sont : *Baskerville*, Garamond, Book Antica, Palatino, Cambria, **Verdana**... Elles sont réputées pour être plus lisibles et agréables à l'œil sur un ouvrage imprimé.

METTRE EN FORME LES TITRES

Chaque chapitre doit commencer sur une page impaire, et donc à droite.

 Pour cela, il te suffit d'insérer un « saut de page impair » après chaque fin de chapitre précédent.

Dans l'onglet « Mise en page », le groupe de commandes « Mise en page », clique sur la flèche à côté de « sauts de page » et sélectionne « page impaire » dans la liste qui s'affiche.

Toutes les pages du corps du texte doivent toutes être numérotées, mais je t'en parlerai plus loin.

Si tu le souhaites, tu peux insérer un entête contenant le titre du livre et/ou du chapitre en cours, le nom de l'auteur, etc. Mais cet entête ne doit pas apparaitre sur la page de titre du chapitre (ce serait redondant). Tu peux régler ton document afin que les pages paires et impaires aient un entête différent.

 Toutes ces options se trouvent dans l'onglet « Insertion » et le groupe de commandes « modifier l'entête » (tout en bas). Tu peux atteindre ces options en double cliquant sur la zone d'entête ou de pied de page. De là, tu as la possibilité de paramétrer tout ce dont tu as besoin.

Les titres de chapitre doivent tous être harmonieux, c'est-à-dire que leur style doit être identique d'un chapitre à l'autre.

 Pour cela, utilise les « Styles de Titre », tout comme pour le texte « normal ».

 Mets en forme un de tes titres de chapitre (centré, gras, police d'écriture…) puis clic droit sur le style « titre 1 » ou « titre 2 ». Sélectionne « mettre à jour… » dans la liste qui s'affiche. Rends-toi ensuite sur chaque titre de chapitre et clic gauche sur le style « titre » que tu as choisis pour reproduire la mise en forme.

CÉSURE

Concernant la Césure dans le corps de ton texte, c'est-à-dire la coupure de mot en bout de ligne grâce à un trait d'union conditionnel, elle n'est pas obligatoire. Ce sujet me fait penser à un débat politique avec des POUR et des CONTRES. Je dirai qu'il faut les utiliser avec parcimonie. Dans la majorité des cas, je préfère gérer la coupure des mots de manière « manuelle ». J'entends par là d'accepter ou non les coupures, une par une, afin de réduire son utilisation. Et surtout lorsque l'écart entre les mots gêne et saute aux yeux.

 Cette option se trouve dans l'onglet « Mise en page », le groupe de commandes « Mise en page », options

« coupure de mots » Tu as le choix entre « aucune », « automatique » et « manuelle ». Tu peux aussi paramétrer cette option en limitant son utilisation en cas d'insertion automatique de la césure.

Dans tous les cas, ce n'est pas ce qui va vraiment jouer dans la lisibilité de ton ouvrage. Je pense même que parfois, trop de lignes se terminant par un tiret, et donc trop de mots coupés, gênent la lecture ! On doit s'y reprendre à plusieurs fois pour comprendre le sens de la phrase. Alors que les écarts entre les mots ne gênent pas le lecteur. C'est du perfectionnisme et ce n'est pas toujours une qualité.

ALINÉAS

Il est important de **prévoir un alinéa**. Il s'agit d'un espacement qui a pour fonction de signaler le début d'un nouveau paragraphe. Le premier mot de la première ligne du paragraphe est donc en retrait.

 Je conseille de prévoir un alinéa pour tous les paragraphes **entre 0,5 et 0,8 cm.**

Cependant, c'est une règle dans les livres de fiction. Mais pas forcément si tu écris un livre de non-fiction ou que la présentation de ton livre n'est pas adaptée à cette pratique. C'est à toi de voir. Le plus important est de ne pas utiliser la touche tabulation de ton clavier !

INTERLIGNES & ESPACES AVANT ET APRÈS LES PARAGRAPHES

Maintenant, il te faut paramétrer les espaces avant et après les paragraphes ainsi que les interlignes.

Dans la continuité du texte, il n'est pas nécessaire de créer des espaces particuliers entre les paragraphes. C'est d'ailleurs la règle en France pour les livres de fiction (les romans).

Concernant les interlignes, **garde les mesures prédéterminées.** Tu peux toujours faire varier cet interligne de quelques millimètres si tu veux donner plus d'espace et d'air à ton texte.

 Word te propose un **interligne simple**, c'est-à-dire de **1 point**.

Mon conseil
Évite d'agrandir de trop tes interlignes si ton livre compte déjà 300 pages en interligne simple ! Pense au coût d'impression car sur Amazon KDP, c'est le nombre de pages qui compte.

TYPOGRAPHIE

Très bien, ton texte est maintenant justifié, le paragraphe commence par un alinéa qui aère ton texte et les interlignes sont harmonieux. Il faut maintenant te pencher sur la typographie.
Bien sûr, si tu es passé par un correcteur professionnel, celui-ci est censé avoir réglé la typographie de ton texte en même temps qu'il a corrigé l'orthographe et la grammaire.
Si ce n'est pas le cas, le mieux est d'investir dans un outil extrêmement efficace mais qui a un coût financier : un correcteur orthographique. Je t'en ai parlé précédemment, il s'agit du logiciel **Antidote**. Bien entendu, cela ne remplace pas un correcteur professionnel, mais c'est un outil intermédiaire.

Je te mets de nouveau le lien si tu veux te l'offrir : https://amzn.to/3Snd5mD

Quoi qu'il en soit, voici une liste non exhaustive des éléments de mise en forme de ton texte concernant la typographie.
- ☐ Le réglage de la taille des espaces avant les signes de ponctuation :

- ☐ Pas d'espaces avant . , ...
- ☐ Pas d'espace avant ni après /
- ☐ Espaces insécables devant ? ! ; :
- ☐ Un espace avant (mais pas après
- ☐ Pas d'espace avant) mais un espace après
- ☐ Un espace avant « et un espace insécable après
- ☐ Un espace insécable avant » et un espace après

Pour faire une **espace insécable**, il te suffit d'utiliser le raccourci clavier suivant : CTRL + Maj + Espace.

- ☐ Les abréviations pour les titres de personnes :
    - ☐ Madame : Mme
    - ☐ Mademoiselle : Mlle
    - ☐ Monsieur : M.

> « Mr » et « Melle » sont des fautes en langues françaises.

    - ☐ Docteur : Dr
    - ☐ Professeur : Pr
    - ☐ Maitre : Me
- ☐ Les unités de mesure :
    - ☐ les heures : séparées par un « h » par des espaces insécables (12 h 30)
    - ☐ les minutes : « min »
    - ☐ les secondes : « s »
    - ☐ le degré Celsius : °C (21 °C)
- ☐ Les accents sur les majuscules sont obligatoires :

Voici quelques raccourcis clavier supplémentaires
    - o   É : Alt + 0201
    - o   Ê : Alt + 0202
    - o   È : Alt + 0200
    - o   À : Alt + 0192
    - o   Ç : Alt + 0199
- ☐ Le séparateur des milliers est un espace insécable, le séparateur de décimales est la virgule : 5 432,78 euros.

- ☐ Les adjectifs ordinaux comme « premier », « première », « deuxième »… s'abrègent en « 1ᵉʳ », « 1ʳᵉ », « 2ᵉ »…
- ☐ Les notes doivent être utilisées en bas de page.

Onglet « Références », groupe de commandes « bas de page », « Insérer une note de bas de page ».

- ☐ **Les références respectent des règles complexes.** Voici quelques normes de base : elles doivent comprendre le titre complet de l'ouvrage (ou de l'article), le nom de la maison d'édition, la date de parution et le nom de l'auteur.
- ☐ **L'italique** peut être utilisé pour les termes en langue étrangère, les titres d'ouvrages mentionnés dans un texte, le nom propre d'une marque, ou bien pour ajouter une idée extérieure au texte (une pensée par exemple).
- ☐ **Les dialogues** doivent commencer par un tiret de dialogue. Ce doit être des **demi-cadratins** tous alignés de manière harmonieuse. Et non, il ne s'agit pas de listes à puces ! Le tiret de dialogue s'insère à l'aide d'un raccourci clavier :

Tiret cadratin (tiret long) :
Ctrl + Alt + - (touche - du pavé numérique).

Tiret demi-cadratin (tiret moyen) :
Ctrl + - (touche - du pavé numérique).

- ☐ **En cas d'incise**, c'est-à-dire de courte proposition insérée dans une autre (par exemple « dit-elle abruptement », « ajoute-t-il sur un ton courtois »), il ne faut pas mettre de majuscule. Même lorsque la parole du personnage se termine par un « ! » ou un « ? ».
- ☐ **En cas de long discours**, il est possible de revenir à la ligne et de commencer le paragraphe par un guillemet ouvert («). On peut alors revenir plusieurs fois à la ligne pour aérer le texte. Il faut fermer le guillemet (») lorsque le personnage a terminé son discours.

☐ **La suppression des superflus**, par exemple, des espaces en trop, des tabulations, des retours à la ligne inutiles...

▶ Bref, cette étape consiste à régler tout ce qui gêne à la lecture et à harmoniser le texte !

5. Pages annexes – pages après le texte

Les pages annexes correspondent à tout le contenu qui apparait après le dernier chapitre ou la fin du corps liminaire. La première des pages annexes commence sur une page de droite, impaire. Voici quelques pages possibles, mais rien n'est obligatoire.
- Pages de bibliographie et de références.
- Page de biographie de l'auteur.
- Page de contact
- Page de remerciements, message au lecteur.
- Page de demande de commentaire sur Amazon KDP notamment.

6. Numérotation des pages

Une fois tout ceci réglé, il ne te reste plus qu'à insérer les numéros de pages.

Certains imprimeurs ou plateformes imposent un nombre de pages pair, ou un multiple de 8. Chez Amazon KDP, aucunement besoin d'y penser, la plateforme ajoutera automatiquement des pages blanches à la fin de ton livre si nécessaire. Sinon, il te suffit de retravailler tes pages d'avant et d'après le manuscrit.

En général, ils se trouvent en bas de page et centrés. Mais rien ne t'empêche de les mettre en entête ou sur la gauche, sur la droite, différents sur les pages paires et impaires...

Note simplement qu'il ne doit pas y en avoir sur les premières pages, celles qui sont vides ou avec le titre du livre, comme je l'ai indiqué précédemment. Tu peux commencer à numéroter à partir de la page 7 si tu suis mon exemple sans table des matières. Mais la numérotation doit les comptabiliser tout de même. **La page 7 portera donc le numéro 7.**

7. Mentions légales

J'aimerais revenir en détail sur les mentions légales. Il en existe des obligatoires, et d'autres facultatives.

MENTIONS LÉGALES OBLIGATOIRES

- **Nom et adresse de l'éditeur**

En autoédition, l'auteur est aussi l'éditeur. Il te suffit d'écrire **ton prénom et ton nom**, ou ton pseudo si tu en as un.

Concernant l'adresse, en autoédition, le nom de la commune ou du département est accepté.

- **Imprimeur**

Si tu passes par un imprimeur indépendant, inscris la raison sociale et l'adresse de l'imprimeur.

Si tu utilises une plateforme d'impression à la demande, tu n'as pas besoin d'écrire d'adresse puisque c'est la plateforme qui ajoutera cette mention à la fin du livre.

> Pour Amazon par exemple, il est écrit « *Printed in Poland by Amazon Fulfillement* ».

- **Date d'impression**

Il faut aussi préciser la date d'achèvement de tirage **si tu passes par un imprimeur.**

Mais lorsque **tu autoédites ton livre grâce à une plateforme**, note juste la mention « Imprimé à la demande ».

- **Numéro ISBN**

Ensuite, il faut noter **le ou les numéros ISBN**. Tu peux détailler ce point en précisant le numéro ISBN de chaque version : livre broché, livre relié, audiobook, ebook...

D'ailleurs, le numéro ISBN doit aussi être inscrit sur la 4e de couverture mais j'y reviendrai plus tard.

- **Date de dépôt légal**

Il te faut aussi écrire **le mois et l'année** du dépôt légal à la Bibliothèque Nationale de France (BnF).

Pour savoir quand le dépôt sera fait, il te suffit de noter la date correspondant à la déclaration à la BnF même si ton livre n'est enregistré (et donc envoyé par la Poste) que plus tard ! C'est **souvent une date prévisionnelle**. Tu pourras toujours mettre à jour cette date juste avant la publication si tu as pris plus de temps que prévu.

- **Droits d'auteur**

Pense aussi à **noter le nom du créateur** de la couverture, du photographe, de l'illustrateur, etc. Si possible, ajoute aussi leur site Internet.

- **Mention obligatoire pour les livres jeunesse**

Et si ton livre est **destiné à un public de moins de 18 ans**, il faut que tu ajoutes une mention spéciale suivie du mois et de l'année du dépôt auprès de la CSCPJ[8].

> *Loi N° 49-956 du 14 juillet 1949 sur les publications destinées à la jeunesse.*
> *Dépôt : Mois Année*

---

[8] CSCPJ : Commission de surveillance et de contrôle des publications destinées à l'enfance et à l'adolescence

Dans ce cas, tu auras des démarches légales supplémentaires à effectuer (voir l'étape 8 sur le dépôt légal).

- **Le prix de vente**

J'en profite pour préciser que **le prix de vente du livre**, en euros TTC (Toutes Taxes Comprises), doit être noté sur la 4e de couverture. Il n'est pas nécessaire de l'inscrire dans l'intérieur de ton ouvrage.

MENTIONS LÉGALES FACULTATIVES MAIS CONSEILLÉES

- **Le Copyright ©**

Le « © » entouré d'un cercle et qui **symbolise le Copyright**, suivi du nom de l'auteur et de l'année de publication n'est pas obligatoire en France. Il s'agit simplement d'une tradition. **Elle ne protège pas l'œuvre de la copie.**

- **Le site Internet de l'auteur**

Il n'est aucunement obligatoire de noter un site Internet. Mais j'aime le faire lorsque c'est possible. En effet, c'est ici que les maisons d'édition l'inscrivent. Alors pourquoi par toi !

- **La protection des droits d'auteur**

Bien souvent, les livres portent un court texte relatif aux Codes de la Propriété intellectuelle ou de droits d'auteur. C'est facultatif mais cela permet de **dissuader les éventuels copieurs**. Voici un des textes possibles :

> *Tous droits réservés, y compris de reproduction partielle ou totale, sous toutes ses formes.*

- **La mention des collaborateurs**

Note les noms de **celles et ceux qui ont participé** à la création de ton livre : bêtas-lecteurs, correcteurs, graphistes, illustrateurs... C'est une manière de mettre en avant la participation de ces professionnels. Tu peux aussi ajouter le nom de leur site Internet.

- **Mention des faits non réels**

Si tu le souhaites, tu peux ajouter la mention :

> *Toute ressemblance avec des faits et des personnages existants ou ayant existés serait purement fortuite et ne pourrait être que le fruit d'une pure coïncidence.*

Cependant, cette mention est **purement informative** et elle ne te décharge pas de ta responsabilité. En effet, le respect de la vie privée prévaut sur la liberté de création. Malheureusement, aucune mention ne permettrait d'échapper à d'éventuelles poursuites. Par contre, il est possible de demander aux personnes concernées si leur mention ne leur cause aucun préjudice et de bien conserver leur réponse écrite et datée, par email par exemple.

Pour t'aider dans la rédaction des mentions légales de ton livre, je t'invite à utiliser la « Fiche : les mentions légales de mon livre ». Complète-là au fur et à mesure pour savoir quoi écrire le moment venu dans ton manuscrit.

FICHE : LES MENTIONS LÉGALES DE MON LIVRE

© Auteur, Année : ....

Nom de la commune ou de ton département : ....

Site Internet : ....

Si imprimeur

Nom (ou raison sociale) et adresse de l'imprimeur : ....
....

Date (Jour Mois Année) : `Fin du tirage` ....

Si plateforme d'autoédition et impression à la demande

`Imprimé à la demande`

Date dépôt à la BnF (Mois Année) : `Dépôt légal` ....

Si livre jeunesse

`Loi N° 49-956 du 14 juillet 1949 sur les publications destinées à la jeunesse.`

Date du dépôt à la CSCPJ (Mois Année) : `Dépôt` ....

Numéro ISBN ebook : ....

Numéro ISBN broché : ....

Graphiste / Illustrateur : ....

Couverture : ....

Mise en page : ....

Tous droits réservés, y compris de reproduction partielle ou totale, sous toutes ses formes

La version ebook VS la version livre broché

Si tu suis tous les conseils cités précédemment, tu obtiens une mise en page **pour ton livre broché.** Pour l'ebook, c'est plus simple si la plateforme encode ton fichier en .mobi (format de l'ebook sur Amazon pour le *Kindle*) ou en epub (format général du livre numérique). De plus, c'est le lecteur qui choisit la police et la mise en forme. Donc tu n'as pas besoin de t'en occuper. Le mieux est de partir de ton manuscrit mis en page pour le format papier, et d'en faire une copie que tu modifies pour **l'adapter à la version numérique.**

Pour la version ebook,
- ☐ retire les numéros de page,
- ☐ supprime tous les entêtes et pieds de page,
- ☐ modifie les sauts de page (« saut de page suivante »),
- ☐ insère une table des matières automatisée en début d'ouvrage.

Si tu as correctement utilisé les Styles de Titres de Word, il te suffit d'aller dans l'onglet « Référence », groupe de commandes « Table des matières », et de cliquer sur « Table des matières ». Tu peux la personnaliser à volonté !

Chaque plateforme t'indique quel type de fichier tu peux leur fournir (voir le tableau en début de l'étape 6, « À la fin de cette étape »).
Si tu optes pour la version DOC, ou DOCX, il te suffit d'enregistrer et de charger ce document.

Si tu préfères charger l'EPUB, utilise le logiciel Calibre pour transformer ton .doc en .epub.
Calibre : https://calibre-ebook.com/fr/download

Une fois cette étape terminée, coche-là dans la liste des tâches en fin de livre !

Se faire aider dans cette étape

Si après la lecture de ce chapitre, tu sens que tu n'as pas envie, pas le temps ou pas les compétences de mettre en page toi-même ton livre, sache que **tu peux faire appel à un professionnel.**

Pour cela, il te suffit de réserver un entretien gratuit sur mon site Internet autoediterunlivre.com, onglet « Entretien gratuit ». Choisis la date et l'heure de ton choix sur mon agenda en ligne.

Tu pourras en profiter pour me poser tes questions particulières sur l'autoédition !

En scannant le QR Code ci-dessous, tu rejoindras directement mon site Internet.

> Entretien téléphonique gratuit et sans engagement.

Équipe de Co-Autoédition : des professionnels de confiance que j'ai personnellement sélectionnés. Et tu profites de remises spéciales !

En cas de mise en page particulièrement complexe (livre photo, nombreuses illustrations, livre jeunesse…), tu peux contacter directement un graphiste.

Je te recommande Cécile Sanles. Toutes les informations et les autres graphistes sont sur cette page :
https://autoediterunlivre.com/equipe-de-co-autoedition-graphismes-illustrations-professionnels/.

Budget à prévoir

Il faut compter **entre 100 et 350 €** pour un livre sans illustrations. Bien plus si ton livre est complexe. Tu obtiens en général la version ebook et le livre papier, prêts à être chargés sur la plateforme de ton choix ou envoyés à ton imprimeur.

Attention à la fraude !

Vérifie que le professionnel :
- ☐ ait déjà mis en page des livres. Être graphiste ne signifie pas connaître les règles de mise en page d'un ouvrage littéraire ;
- ☐ puisse te fournir le manuscrit mis en page et en forme pour la version ebook et papier de ton choix ;
- ☐ sache adapter son travail en fonction de la plateforme d'autoédition de ton choix (ils travaillent souvent avec des imprimeurs mais ne connaissent pas forcément l'autoédition) ;
- ☐ accepte les mises à jour en cas de besoin ou qu'il te fournisse le fichier d'origine une fois le travail terminé.

De nombreux professionnels travaillent uniquement sur InDesign. Ce n'est pas obligatoire mais les graphistes sont plus à l'aise avec cet outil performant. Par contre, tu n'obtiendras pas forcément le document source. C'est-à-dire que tu ne pourras plus modifier ton livre toi-même, sauf si celui-ci accepte de le mettre à jour, contre un supplément financier bien entendu.

Autres ressources

ARTICLES

Toutes mes ressources gratuites sur autoediterunlivre.com

Mettre en page un livre sur autoediterunlivre.com
https://autoediterunlivre.com/mettre-en-page-un-livre/

VIDÉOS

Mettre en page un livre : sur quel logiciel ? InDesign ou Word ? 10 points à ne pas rater ! https://youtu.be/x3xrFn-RKKU
Mettre en page un livre : bases et préparation du fichier https://youtu.be/z1v3naXVFL8
Mettre en page un livre : taille, marges et polices d'écriture https://youtu.be/OMrXmb98Lkc
Mettre en page un livre : texte justifié, césure, alinéa, interlignes, typographie https://youtu.be/RvfKlpybDHs
Mettre en page un livre : mentions légales, pages, numéros de pages https://youtu.be/wLz1of8lkpI
Mettre en page un livre : astuces : styles de titre, sauts de page, nombre de pages... https://youtu.be/KAw59mk3Ba4
Mettre en page un ebook sur Word : auto-édition numérique, EPUB, MOBI Kindle Amazon https://youtu.be/OLUH_HW_EOU
Mettre en page un ebook sur Word : styles de titre, conversion EPUB sur Calibre... https://youtu.be/kQxTYRmAiVo
Les mentions légales d'un livre https://youtu.be/gELDZbEWhro

De nombreux tutoriels (Word, InDesign) sont également disponibles sur YouTube. Je t'invite à chercher les éléments dont tu as besoin au fur et à mesure.

ÉTAPE 7 : CRÉATION DE LA COUVERTURE

Tu poursuis la création de ton livre avec la couverture de celui-ci. Cette étape est exaltante !

C'est quoi la couverture d'un livre ?

La couverture d'un livre est bien plus qu'une image sur laquelle on peut y lire le titre et le nom de l'auteur.

Chose importante souvent omise ou ignorée par les auteurs qui débutent, il existe **la couverture de l'ebook** ET **la couverture du livre papier**. Les deux ne se construisent pas de la même manière. Et non, l'image insérée au début de ton document Word ne peut pas être considérée comme la couverture d'un livre !

Peut-être le sais-tu déjà, mais lorsque l'imprimeur (classique ou « à la demande », c'est le même fonctionnement) créera ton livre papier, il lui faudra deux éléments bien distincts :
- ☐ **la couverture à plat** : elle contient la 1re et la 4e de couverture ainsi que le dos du livre, sur un papier spécial, épais et parfois brillant ou mat,
- ☐ **le manuscrit de ton livre** : les pages intérieures sur un papier fin.

Les pages de ton livre sont imprimées et collées ou reliées entre elles avec la couverture qui les protège et donne un maintien au livre. Ce sont donc deux éléments imprimés séparément et attachés entre eux.

La couverture suit donc des règles précises à respecter. Tu entres pleinement dans la partie artistique et graphique de la création de ton livre.

1. La couverture de l'ebook

La couverture d'un livre numérique n'a besoin que d'une image pour être publié et vendu. En effet, c'est cette image qui permettra au futur lecteur d'être attiré par l'ouvrage, et de le reconnaître ou de le différencier des autres.

Elle est composée d'un fond (une image, une illustration, une couleur) et d'éléments texte : le titre, le nom de l'auteur et parfois un sous-titre, la collection et le nom de l'éditeur le cas échéant.
L'image doit être de bonne qualité et le titre doit être bien lisible et contrasté pour pouvoir être lu, même en tout petit sur l'écran d'un ordinateur ou de tout autre appareil.

La couverture d'un ebook doit correspondre aux impératifs de la plateforme, en termes de taille ainsi que de qualité (nombre de pixels et proportions). Elle peut être en couleur, même si certaines liseuses sont en noir et blanc.

Et non, il n'y a pas besoin de code-barres ni même d'inscrire le numéro ISBN sur la couverture d'un ebook.

2. La couverture du livre papier

Souvent, cette couverture est appelée « couverture à plat », car elle est construite à plat, tout simplement.

Illustration d'exemple d'une couverture à plat

Comme tu peux le voir sur cette image, la couverture d'un livre papier est composée de 3 éléments :

LA PREMIÈRE DE COUVERTURE

Il s'agit de **la première page extérieure d'un livre**. En général, tu y trouveras une image qui représente le contenu du livre. Il peut s'agir d'une photo, d'une illustration, d'un fond de couleur. Elle donne le ton et le genre du contenu. La forme annonce le fond. **La couverture est l'identité du livre et le met en valeur.**

La première de couverture de ton livre doit faire apparaitre le titre et le nom de l'auteur. Tout le reste est optionnel car tu es autoédité et tu n'as pas de maison d'édition. Si tu le souhaites, tu peux insérer un logo, une image qui représente ton édition, etc.

Il est également possible d'ajouter un sous-titre si ton livre en prévoit un. De même, tu peux préciser le genre afin que le lecteur soit tout de suite prévenu. Parfois, les auteurs insèrent un avis court et concis qui met en valeur la qualité et le genre du livre, sous forme de citation par exemple.

 Néanmoins veille à ne pas surcharger la première de couverture du livre !

Et oui, la première de couverture de ton livre est bien souvent identique à la couverture de ton ebook.

LA QUATRIÈME DE COUVERTURE

Il s'agit de **la partie arrière de ton livre.** Le lecteur y trouvera un texte qui présentera ton livre (parfois appelé résumé, synopsis ou « 4ᵉ de couverture »). Tu peux y ajouter une courte présentation d'auteur, c'est souvent le cas pour des essais ou des non-fictions.

C'est sur cette quatrième de couverture que tu devras ajouter le code-barres et le numéro ISBN. Concernant le prix du livre, il est obligatoire de l'inscrire !

LE DOS DU LIVRE

Le dos sépare la première de couverture et la quatrième de couverture. Sa taille dépend du nombre de pages du livre et du type de papier choisi. Elle est souvent composée de la même image de fond que la première ou la quatrième de couverture, et rappelle le nom de l'auteur, le titre du livre et l'édition le cas échéant.

Souvent appelé par erreur « tranche », c'est bien du dos dont il s'agit. La tranche correspond à l'épaisseur du livre mais au niveau des pages.

3. L'importance de créer une couverture de livre attrayante

Que ce soit sur Internet ou dans une librairie, la couverture de ton livre doit **attirer l'œil du lecteur potentiel**. Pour attirer le « bon lecteur » il faut que l'image soit attrayante et représente bien ton genre, ton style, ton univers et bien sûr celui de ton livre. De même que le titre et tous les éléments visibles.

Pense que les lecteurs découvriront ton livre sur Internet ou physiquement en format broché. Mais si tu autoédites ton livre sur une plateforme d'autoédition, la couverture de ton livre fera la taille d'un timbre-poste ! Elle doit donc être lisible, même à petite échelle.

Dans tous les cas, si l'image a attiré le lecteur, il va prendre quelques instants pour observer ta première de couverture. Puis (soit en cliquant, soit en le retournant), il lira la quatrième de couverture. Il se peut qu'il feuillette afin de lire les premières lignes. C'est d'ailleurs à cela que sert l'extrait disponible sur les plateformes.

Éléments nécessaires

Pour cette étape, tu as besoin de connaître toutes les informations concernant ton livre :
- ☐ la taille de ton livre papier ;
- ☐ le nombre de pages ;
- ☐ ce qui te permet d'obtenir le gabarit du livre (fourni par la plateforme ou l'imprimeur) ;
- ☐ les éléments écrits composants la couverture : titre, sous-titre éventuel, nom de l'auteur et de l'édition si besoin, texte de 4e de couverture (au moins un premier jet) ;

- [ ] les données légales (possible de les ajouter ultérieurement) : numéro ISBN et code-barres correspondant à ce numéro ISBN, prix de vente de ton livre (TTC et en euros).

 Le moment venu, je t'invite à compléter la « Fiche : Créer la couverture de mon livre » un peu plus loin.

Délais nécessaires

1 ou 2 mois avant la sortie

Tout dépend si tu as besoin d'une couverture simple ou complexe, si tu as des compétences en graphisme, si tu confies cette tâche à un tiers ou si tu préfères la gérer seul...

Comment créer la couverture d'un livre

1. **Obtenir le gabarit**

La première des choses est de te procurer le gabarit du livre final. Si tu optes pour l'autoédition sur une plateforme d'autoédition, tu dois télécharger ce fichier sur leur site Internet.

Le gabarit regroupe toutes les informations nécessaires à la création de la couverture adaptée à ton livre, en fonction des particularités de l'imprimeur, et donc, de la plateforme sélectionnée.

Voici les liens pour obtenir le gabarit avec 3 de ces plateformes :
- Amazon KDP : Calculateur et modèles de couverture pour l'impression https://kdp.amazon.com/fr_FR/cover-calculator?ref_=kdp_ts_hc_cov
- Bookelis : Générez le gabarit de votre couverture https://www.bookelis.com/generation-couverture

- TheBookEdition : Télécharger un gabarit de couverture
https://www.thebookedition.com/fr/module/bookscover/simulationcover

Pour les autres, il te suffit d'aller sur le site Internet de la plateforme ou de contacter les gérants ou le service client !

2. Trouver l'inspiration

Je te conseille de chercher des idées de couverture en librairie (en ligne ou physique). Regarde ce que font les auteurs de ton genre, note ce qui te plaît, les codes représentant le type de livre comme le tien, ce que tu aimes moins, ce qui se retrouve partout ou moins souvent... Bref, note tes idées et commence à visualiser ce que sera ta couverture. Cela te permettra de vérifier les bonnes pratiques en la matière.

 Que tu fasses appel à un professionnel ou pas, cette recherche te sera très utile.

3. Utiliser des logiciels de création

Maintenant que tu sais plus ou moins ce que tu veux, tu peux créer une première ébauche de couverture !

Il existe de nombreux outils, et je ne pourrais pas tous les citer mais voici quelques logiciels de création de couvertures.

CRÉATEUR DE COUVERTURE D'AMAZON

Outil gratuit disponible en ligne sur Amazon KDP lors du paramétrage de ton livre. Ce n'est pas le plus recommandable, mais certains l'utilisent. Les couvertures sont basiques et je les trouve quelque peu « fades », mais si cela te facilite le travail, alors tant mieux !

CANVA.COM

Pour t'aider dans la création d'une première ébauche et t'inspirer. Je te conseille de passer par ce site Internet pour créer une couverture simple et belle. Il est aussi possible de créer une couverture à plat, mais cela demande de la dextérité (et des bidouillages) car l'outil n'est pas (encore) conçu pour cela.

INKSCAPE

Ce logiciel te permet de créer ta couverture aux format souhaité, ebook et broché, et gratuitement ! J'ai longtemps utilisé Inkscape et j'en étais très satisfaite, même si cela demande de l'apprentissage et de la pratique. Je te mets le lien de mon tutoriel vidéo en fin de chapitre.

INDESIGN D'ADOBE

C'est l'application de mise en page de **référence pour l'impression et le digital**. Tu peux mettre en page un manuscrit complexe et illustré, et surtout, créer la couverture ebook et broché de ton livre. Mais il s'agit **d'un logiciel professionnel payant**. Il te faudra apprendre (te former c'est le mieux) et payer mensuellement pour l'utiliser. C'est le logiciel que j'utilise dorénavant pour créer les couvertures des livres des auteurs avec qui je collabore. Je te mets le lien de mon tutoriel vidéo en fin de chapitre.

4. L'image de la couverture d'un livre

Bien souvent, la couverture d'un livre est composée d'une image de fond. Mais tu peux aussi prévoir un fond coloré uni et une illustration (un dessin).
Si tu optes pour une image (une photo par exemple) il te faudra sûrement la télécharger. À partir de tes précédentes recherches, tu sais plus ou moins ce que tu souhaites. Il ne te reste plus qu'à dégoter la photo ou l'illustration idéale pour ton livre.

Tu peux opter pour une image gratuite et **libre de droits,** ou payer le droit de l'utiliser et de la diffuser. L'avantage d'acheter une image, c'est que tu risques moins de la retrouver sur d'autres supports, contrairement aux images disponibles gratuitement.

 La « Fiche technique : les banques d'image » t'aidera à trouver plus facilement l'image de ton choix.

 Ne télécharge pas une image directement sur *Google Image* ! Que ce soit pour une question de droits d'auteur mais aussi pour la qualité, **c'est une erreur.**

Et veille à utiliser une **photo professionnelle** : même si tu considères que la photo prise avec ton smartphone du coucher de soleil de l'été dernier est superbe, elle ne conviendra pas à la création d'un livre, je peux te l'assurer. Sauf si tu es photographe professionnel !

En effet, meilleure est la résolution de ton image d'origine, plus belle sera la qualité de la couverture de ton livre.

5. Le texte de la quatrième de couverture

Ce texte ne doit pas être trop long, sous peine de prendre trop de place, de ne pas être lisible et de « gâcher » le rendu visuel de la couverture.

Certains bêtas-lecteurs et correcteurs proposent l'aide à l'écriture de ce texte qui devra présenter et vendre ton livre à des lecteurs potentiels.

Voici quelques conseils tirés d'articles de blogs et de mon expérience. Le texte de quatrième de couverture devrait :
- ☐ être court,
- ☐ donner des indications sur le genre, l'époque, le ton, le style du livre,
- ☐ indiquer les frontières, le lieu où se déroule l'histoire
- ☐ mentionner le personnage principal,

- ☐ évoquer le point de départ et le moment fort de l'histoire,
- ☐ laisser la fin dans les brouillards de l'expectative,
- ☐ donner le ton, donner une idée de l'atmosphère,
- ☐ terminer par une accroche qui pousse le lecteur à vouloir en savoir plus.

Suite à ce texte, tu peux ajouter l'avis ou les mots de tes premiers lecteurs. Ainsi qu'une courte biographie si tu es un professionnel et que ton livre est tiré de ton expérience et de tes diplômes par exemple. Une petite photo de toi est un plus !

6. Le montage de la couverture de ton livre

Je ne peux pas te proposer un tutoriel dans un livre aussi court. Mais si tu sais utiliser les logiciels de création, tu trouveras sans problème des articles de blogs et des vidéos qui indiqueront techniquement comment procéder et comment te débloquer le cas échéant.

Sache que pour le montage de la couverture, c'est-à-dire la création de la couverture à plat de ton livre papier, il te faudra un minimum de connaissances techniques, graphiques et un œil artistique. Car le résultat doit être attrayant en plus de fonctionnel !
Pour cela, Inkscape et InDesign sont les deux logiciels à utiliser.
Tu dois obtenir un PDF prêt à imprimer, aux dimensions exactes comme indiquées sur le gabarit obtenu grâce à la plateforme ou l'imprimeur. Certaines plateformes d'autoédition acceptent une image (.jpg ou. png). C'est le nombre de pixels qui importe alors.

 Avant de te lancer dans la création de la couverture de ton livre ou la recherche de graphiste, complète la « Fiche : Créer la couverture de mon livre. » et gagne du temps !

 Une fois cette étape terminée, coche-là dans la liste des tâches en fin de livre !

FICHE TECHNIQUE : LES BANQUES D'IMAGES

Banques d'image gratuites

- Kaboompics.com
- Flickr.com
- Rgbstock.com
- Stockvault.net
- Freeimages.com
- Pexels.com
- Pixabay.com/fr
- Pikwizard.com
- Freepik.com

Banques d'image payantes

- Stock.adobe.com
- Gettyimages.fr
- Fotolia.com
- 123rf.com
- Istockphoto.com

FICHE : CRÉER LA COUVERTURE DE MON LIVRE

Éléments composant la couverture de mon livre

- ☐ Taille de ton livre papier : ....
- ☐ Nombre de pages : ....
- ☐ Gabarit du livre
- ☐ Informations à inscrire sur le livre :
    - ☐ Titre : ....
    - ☐ Sous-titre (optionnel) : ....
    - ☐ Nom de l'auteur : ....
    - ☐ Nom de l'édition (optionnel) : ....
    - ☐ Texte de 4e de couverture
    - ☐ Numéro ISBN de ton livre papier : ....
    - ☐ Code-barres correspondant à ce numéro ISBN
    - ☐ Prix de vente TTC et en euros : .... €

Inspiration et idées de couvertures

IDÉE 1

Titre du livre : ....

Éléments aimés : ....
....

Éléments non aimés : ....
....

IDÉE 2

Titre du livre : ....
Éléments aimés : ....
....
Éléments non aimés : ....
....

IDÉE 3

Titre du livre : ....
Éléments aimés : ....
....
Éléments non aimés : ....
....

IDÉE 4

Titre du livre : ....
Éléments aimés : ....
....
Éléments non aimés : ....
....

Se faire aider dans cette étape

Si après la lecture de ce chapitre, tu sens que tu n'as pas envie, pas le temps ou pas les compétences pour créer la couverture de ton livre toi-même (ce qui est le cas de la majorité des auteurs, rassure-toi), sache que tu peux faire appel à un professionnel.

 Là aussi, je peux t'aider. Graphiste éditoriale autodidacte, je peux créer la couverture de ton livre. Pour cela, il te suffit de réserver un entretien gratuit sur mon site Internet autoediterunlivre.com, onglet « Entretien gratuit ». Choisis la date et l'heure de ton choix sur mon agenda en ligne.

Tu pourras en profiter pour me poser tes questions particulières sur l'autoédition !

En scannant le QR Code ci-dessous, tu rejoindras directement mon site Internet.

> Entretien téléphonique gratuit et sans engagement.

Tu peux aussi faire appel à un graphiste spécialisé !

 Équipe de Co-Autoédition : des professionnels de confiance que j'ai personnellement sélectionnés. Et tu profites de remises spéciales !

Je te recommande des graphistes et illustrateurs professionnels pour créer la couverture de ton livre, mais aussi obtenir des illustrations à utiliser en fond de couverture ou à l'intérieur même de ton manuscrit. Toutes les informations sont disponibles ici : https://autoediterunlivre.com/equipe-de-co-autoedition-graphismes-illustrations-professionnels/

Budget à prévoir

Il faut compter **entre 150 € et 400 €** en fonction de la complexité de la couverture demandée.
Tu obtiens en général la couverture de ton livre pour la version ebook ET le livre papier prêt à imprimer.

Attention à la fraude !

Tu peux trouver des couvertures de livres beaucoup moins chères. Mais attention aux arnaques. Vérifie que le professionnel :
- ☐ te fournisse bel et bien la couverture à plat de ton livre, aux mesures indiquées par la plateforme de ton choix,
- ☐ te propose plusieurs versions (maquettes) avant de t'envoyer la version finale,
- ☐ puisse modifier la couverture en cas de besoin (changement de titre, ajout du numéro ISBN le moment venu...),
- ☐ connaisse les règles en matière de livre (fonds perdu, composition d'une couverture à plat, obligations légales [numéro ISBN et prix du livre ainsi que le code-barres d'une taille minimum]).

De nombreux professionnels se disent capables de créer une couverture, mais ne connaissent pas le fonctionnement de l'impression à la demande, et donc des plateformes d'autoédition et de leurs particularités. Leur couverture n'est donc pas utilisable et l'auteur perd beaucoup de temps à lui demander des modifications, lorsque celui-ci l'accepte, parfois en contrepartie de suppléments financiers.

De plus, ne confonds pas illustrateur (crée des illustrations) et graphiste (montage à partir d'images et d'illustrations). Certains font les deux, mais un illustrateur ne sera pas forcément en capacité de créer une couverture à partir de son dessin, illustration, création...

Autres ressources

ARTICLES

Toutes mes ressources gratuites sur autoediterunlivre.com

Créer la couverture d'un livre broché et ebook
https://autoediterunlivre.com/creer-couverture-livre/

VIDÉOS

J'ai aussi publié des vidéos sur ma chaine YouTube qui devraient t'aider dans la création de la couverture de ton livre par toi-même. Il s'agit de tutoriels simples à suivre clic par clic.

Créer une couverture de livre sur InDesign pour Amazon KDP en 20 minutes ! https://youtu.be/29GgOPR2hBc

Créer une couverture de livre sur Inkscape pour Amazon KDP en 20 minutes. https://youtu.be/xZcdeJpH3IQ

De nombreux autres tutoriels concernant les spécificités de ces logiciels sont disponibles sur YouTube. Je t'invite à chercher les éléments dont tu as besoin au fur et à mesure.

ÉTAPE 8 : DÉPÔT LÉGAL À LA BNF

Deuxième étape de la légalisation de ton livre, c'est aussi une simple tâche administrative.

C'est quoi le dépôt légal à la BnF ?

Le dépôt légal c'est l'envoi et l'enregistrement de ton livre par la Bibliothèque nationale de France (BnF). La BnF est un établissement public sous tutelle du ministère de la Culture.

Puisqu'il s'agit d'une étape légale, rien de tel que des définitions officielles[9].

Dépôt légal
« Inscrit dans le Code du patrimoine, le dépôt légal est l'obligation pour tout éditeur, imprimeur, producteur, importateur, de déposer chaque document qu'il édite, imprime, produit ou importe, auprès de l'organisme habilité à recevoir le dépôt en fonction de la nature du document. Cette obligation s'applique à tout document diffusé en nombre à un public s'étendant au-delà du cercle de famille. »

Bibliothèque nationale de France (BnF)
« La BnF a pour mission de collecter, cataloguer, conserver, enrichir et communiquer le patrimoine documentaire national. La BnF assure l'accès du plus grand nombre aux collections

---

[9] Source : www.bnf.fr/fr/le-depot-legal

sur place, à distance, et développe la coopération nationale et internationale. »

En tant qu'auteur autoédité **tu as l'obligation de déposer ton livre à la BnF car tu es considéré comme éditeur.**
Ce dépôt ne concerne que le livre papier en France. Peu importe que tu fasses appel à un imprimeur ou une plateforme d'autoédition, **c'est une obligation légale.**

Concernant le dépôt d'un livre numérique (PDF, Ebook), la BnF cherche les informations elle-même, il n'y a rien à faire, mais cela risque de changer dans les années à venir.

Lorsque tu t'autoédites pour **donner ton livre à ta famille**, à tes connaissances, le dépôt légal de ton livre à la Bibliothèque Nationale de France **n'est pas obligatoire.**

Enfreindre les règles de dépôt légal d'un livre est une infraction ! Ce serait dommage de devoir payer une amende de 75 000 euros pour ne pas avoir effectué une démarche administrative gratuite !

UNE OBLIGATION AVEC SES AVANTAGES

Sache que les bibliothèques et les librairies récoltent des informations sur les livres présents dans la base de données tenue par la BnF. En effet, grâce au dépôt, les données de ton livre pourront être publiées sur le site Nouveautés Éditeurs. De plus, ton livre sera publié sur le catalogue en ligne de la BnF accessible par tous.
Et puis, le dépôt légal d'un livre à la BnF est **une preuve d'antériorité en cas de litige.** Par contre, le dépôt légal ne protège pas les droits d'auteur.

Éléments nécessaires

Pour cette étape, tu as besoin :
- ☐ du numéro ISBN de ton livre,
- ☐ des informations concernant ton livre (titre, sous-titre, série, date ou mois de publication, prix de vente, taille du livre papier, nombre de pages...),
- ☐ de la couverture de ton livre (la première et la quatrième de couverture),
- ☐ (dans un second temps) d'un exemplaire de ton livre papier.

Délais nécessaires

2 semaines avant la sortie

Tu peux commencer à te pencher sur cette étape quelques semaines avant la publication de ton livre. Tu peux aussi effectuer la déclaration dès l'instant où tu es en possession de tous les éléments. Puis envoyer le livre une fois celui-ci publié.

Comment faire le dépôt légal d'un livre

Le dépôt légal d'un livre se fait en 2 temps :
1. **La déclaration de dépôt légal en ligne** : simple déclaration sur un formulaire disponible sur le site Internet de la BnF.
2. **L'envoi du livre papier à la BnF une fois le livre publié** : sauf si tu as un exemplaire auteur avant la publication

Faire le dépôt légal de son livre à la BnF

Toute la procédure du dépôt légal d'un livre est expliquée sur le site de la BnF. Tu peux trouver le mode d'emploi sur leur site Internet.

J'ai aussi publié un tutoriel imagé, je te mets les liens en fin de chapitre. Mais je vais tout de même t'expliquer cette étape simple et rapide.

 Tu peux aussi compléter la « Fiche : Faire le dépôt légal de mon premier livre » plus loin et revenir t'en occuper plus tard.

1. **Créer un compte sur le site de la BnF**

La première étape du dépôt légal d'un livre à la BnF est de créer ton compte sur le site de la Bibliothèque nationale de France. Rends-toi sur la plateforme de création de ton compte à la BnF : https://depotlegal.bnf.fr/login.do.

Pour créer un compte à la BnF, il te sera demandé la marque éditoriale éventuelle. Il s'agit **du nom de ton édition** dans le cas où tu as choisi un nom d'édition (fictive ou réelle). Si tu ne sais pas, ou n'en as pas, tu peux tout simplement écrire **ton nom en tant qu'éditeur** puisque tu t'autoédites (c'est-à-dire ton vrai prénom et nom).

Une fois le premier formulaire complété, le site Internet t'avertira que ta demande sera prise en compte dans les 72 heures. Mais rassure-toi, cela prend généralement moins de temps que cela.
Tu recevras très vite un email de la BnF. Tu n'as qu'à cliquer sur le lien contenu dans le corps du message pour activer ton compte.

 Comme mentionné dans l'email, le lien n'est valable que 24 heures !

Une fois activé, tu en as la confirmation en voyant une page s'ouvrir dans ton navigateur. **Note ton identifiant.** Il est aussi inscrit dans le prochain email envoyé par la BnF.

Si tu as bien noté ton mot de passe, tu as tout ce qu'il te faut pour te connecter à ton tout nouveau compte à la BnF.

Pour cela, retourne sur la page de connexion à la BnF : https://depotlegal.bnf.fr/login.do. Insère ton identifiant et ton mot de passe. Ton compte s'affiche.

2. Faire la déclaration de dépôt légal d'un livre

Pour commencer, clique sur « Déclarer » parmi les onglets disponibles en haut de la plateforme. Le formulaire est composé de 5 étapes. Si tu remplis bien la fiche ci-après, il te sera facile et rapide de gérer cette étape.

LE DESCRIPTIF DE TON LIVRE

Tu n'as qu'à remplir le formulaire, c'est très simple, mais voici quelques conseils.

Si tu n'as pas de série ou que ton livre n'est pas destiné aux moins de 18 ans (livre jeunesse), tu n'as rien à inscrire, ce n'est pas obligatoire.

Nombre de livres imprimés pour le 1er tirage : si tu fais appel à un imprimeur, tu sais déjà combien de livres il t'imprimera. Si tu passes par une plateforme d'autoédition tu peux cocher la case « à la demande » car ces plateformes impriment les livres à la demande (commande et achat) des clients. Ils ne font pas de tirage ni de stocks.

Prix de vente en euros TTC : si tu n'es pas encore certain du prix, essais de t'en rapprocher le plus possible (+ ou – 10 % de différence de prix est accepté). Sinon, attends d'en être certain.

LES DONNÉES DU OU DES AUTEURS

La BnF te demande ta **date de naissance** (ou au moins ton année de naissance) car cela permet de te différencier des auteurs homonymes. C'est pareil pour les contributeurs.

Les contributeurs sont les professionnels qui t'ont aidé dans la création de ton livre. Si tu ne connais pas leur date de naissance, tu n'es pas obligé de la mentionner.

LES DONNÉES MATÉRIELLES

Type de document : il s'agit d'un livre bien sûr !

EAN ou ISBN : pense à bien noter ce numéro sans tirets et sans espaces sinon cela ne fonctionne pas.

Titre de l'élément : uniquement dans le cas d'un document composé de plusieurs éléments. C'est rarement le cas.

Façonnage (format) : broché, relié ou en feuilles ? Sur Amazon et pour la plupart des plateformes d'autoédition, il s'agit du broché. Si tu passes par un imprimeur, il a dû te le dire.

Imprimeur ou dernier façonnier : comme il s'agit de ta première déclaration, tu peux en créer un. Les plateformes donnent le nom et l'adresse de l'imprimeur sur leur site Internet. Tu peux aussi noter « Amazon » si c'est ton cas, et cocher la case « impression hors France ». En général, Amazon imprime les livres en Pologne.

Pas besoin de cliquer sur « choisissez un autre type de document ». Si tu as écrit un livre en plusieurs tomes, il te faudra faire une déclaration différente pour chaque livre. Par contre tu pourras préciser qu'il s'agit de la même collection ou série.

LES DONNÉES COMPLÉMENTAIRES

Ici, la BnF te demande ton accord pour publier les données concernant ton livre sur leur page « Nouveautés Éditeurs ». Je te conseille d'accepter, c'est toujours ça de pris ! Mets la date de sortie de ton livre, sinon, la date du jour de ta demande en ligne.

La BnF te demande aussi d'accepter que les résumés et les images soient aussi utilisés sur leur page « Nouveautés Éditeurs ». Accepte aussi, c'est de la publicité gratuite.
Concernant le résumé, tu es limité à 2000 caractères. Note les informations principales, même si le résumé d'Amazon est plus long par exemple (jusqu'à 4000 caractères).

Au moment de fournir la couverture, tu dois les charger séparément. Pour cela, tu peux utiliser l'outil gratuit *Paint* présent sur tous les ordinateurs. C'est simple et efficace si tu as la couverture à plat complète de ton livre. Il te suffit alors d'extraire la 1re et la 4e de couverture en image.

Par contre, la BnF recommande des images de 600 pixels de large (minimum de 100 px). Enfin, les images ne doivent pas dépasser 2 Mo. Je te conseille de charger la première image, d'attendre qu'elle apparaisse bien, avant de cliquer sur « joindre » et de charger la 2e image. Cela évitera au site Internet de prendre trop de temps et que tu perdes tes données non enregistrées.

LE RÉCAPITULATIF DE LA DEMANDE DE DÉPÔT LÉGAL À LA BNF

Relis bien toutes les informations, vérifie de nouveau que tu ne t'es pas trompé dans le titre et l'ISBN et valide ta demande !

Un document se télécharge alors automatiquement dans ton navigateur Internet. Il s'agit de la **déclaration de dépôt légal** de ton livre. Tu peux aussi en profiter d'être sur cet écran pour télécharger l'étiquette en cliquant sur le bouton vert.

La déclaration de dépôt légal d'un livre est un document officiel qui justifie ta demande de dépôt légal d'un livre. Ce document sera à joindre à ton livre au moment de l'envoi d'un exemplaire papier à la BnF.

3. Envoyer un livre à la BnF

Imprime et conserve bien la déclaration et l'étiquette. Dès que tu seras en possession d'un exemplaire de ton livre broché, il te faudra **l'envoyer à la BNF par la Poste**. Le dépôt direct n'est pas possible pour les livres, même si tu vis à côté de la BnF !

 Il n'est pas possible d'envoyer l'épreuve du livre proposée par Amazon KDP car elle est interdite à la vente.

C'est normal que tu ne puisses pas envoyer ton livre avant sa publication. Il existe une tolérance dans l'autoédition car les plateformes ne permettent pas d'obtenir des exemplaires avant le jour « J » ! Donc pas d'inquiétude, tu n'as aucun risque d'être amendé pendant ce laps de temps.

Dans une enveloppe (à la taille de ton livre), insère ton exemplaire ET la déclaration de dépôt légal. Colle l'étiquette[10] sur l'enveloppe (ou copie à la main sur ton enveloppe ce qui est écrit sur l'étiquette). Pas besoin d'affranchir, **l'envoi est gratuit par la Poste**. Tu peux inscrire ton adresse au dos de l'enveloppe si tu le souhaites. À part cela, pas besoin d'inscrire quoi que ce soit d'autre sur l'enveloppe ni d'insérer de courrier ou de message supplémentaires

En cas de difficultés avec le bureau de poste, il faut indiquer à celui-ci qu'il peut vérifier en consultant la note interne à la Poste, dite « chartée », nommée « *Procédures de traitement des envois au titre du Dépôt légal* » est référencée BSCC.PS.A.2016-009.

---

[10] Sur l'étiquette, il est noté « Franchise postale Dépôt légal – Code du patrimoine art. L132-1 ». Cela t'assure la gratuité de l'envoi.

4. Suivre la demande de dépôt légal d'un livre

Tout se passe sur le site de la BnF. Quelques jours ou semaines après l'envoi de ton livre par la Poste (tout dépend des délais d'envoi), tu recevras un email de la BnF.

Tu y trouveras le **récépissé de dépôt de ton livre.** En cliquant sur le bouton « Récépissé » à l'intérieur de l'email, ton navigateur Internet téléchargera automatiquement le document PDF. C'est ce document qui prouvera le dépôt légal de ton livre. Mais la date de dépôt correspond à celle de la déclaration de dépôt légal effectuée en ligne.

À tout moment, tu peux te connecter à ton compte et gérer le dépôt légal d'un livre à la BnF.

5. Dépôt légal spécifique pour les livres jeunesse

En plus du dépôt légal à la BnF, les livres jeunesse doivent passer par la Commission de surveillance et de contrôle des publications destinées à l'enfance et à l'adolescence (CSCPJ).

Pour cela, il faut envoyer ton livre au Ministère de la justice accompagné d'une déclaration de dépôt selon un modèle bien précis. Cela permet aux membres de la commission de vérifier que ton livre ne comporte aucun danger pour les jeunes. Ils recherchent entre autres la pornographie ou la violence, l'incitation à la haine, la discrimination, ou tous sujets qui pourraient nuire à l'épanouissement de l'enfant. Si tu ne respectes pas ces obligations, la peine encourue est d'un an de prison et 3750 € d'amende.

Tu as le choix entre envoyer la version papier en 2 exemplaires par courrier postal, ou un fichier PDF par email. Le modèle de déclaration de dépôt est disponible sur le site du Ministère de la

Justice. Je t'en offre un un peu plus bas (Fiche : Déclaration livre jeunesse).

OÚ ENVOYER UN LIVRE JEUNESSE ?

Si tu optes pour l'envoi par courrier postal, tu devras envoyer la déclaration ainsi que deux exemplaires de ton livre papier à l'adresse suivante :

Ministère de la Justice
Site Olympe de gouges
DPJJ – Commission presse
13 Place Vendôme
75042 PARIS Cedex 01

Si tu optes pour l'envoi plus économique et écologique par email, il te suffit d'adresser la version PDF de ton livre ainsi que la déclaration à l'adresse email suivante : commissionpresse.dpjj@justice.gouv.fr.

Si le fichier est trop lourd pour être envoyé en une seule pièce jointe, ils acceptent plusieurs emails. Par contre, ils refusent tout envoi via « We Transfer » ou « Google Drive » (ils n'y ont pas accès pour des raisons de sécurité).

OBLIGATION SUPPLÉMENTAIRE (AU MOMENT DE LA MISE EN PAGE)

Tu dois aussi faire figurer dans ton livre (dans le manuscrit mis en page), la mention : « *loi N° 49-956 du 14 juillet 1949 sur les publications destinées à la jeunesse* » suivie de la date du dépôt.

DÉCISION DE LA COMMISSION CSCPJ

Tu reçois un email confirmant que ton livre a bel et bien été accepté. En cas de soucis, la commission peut t'envoyer **un courrier d'avertissement ou de concertation amiable** en te demandant, par exemple, de communiquer des compléments d'information. Ils évitent d'émettre un avis d'interdiction ou d'engager des poursuites pénales si cela est possible.

 Utilise la « Fiche : Déclaration livre jeunesse » pour créer ta propre déclaration à envoyer à la CSCPJ.

 Une fois cette étape terminée, coche-là dans la liste des tâches en fin de livre !

FICHE : FAIRE LE DÉPÔT LÉGAL DE MON PREMIER LIVRE

Pour préparer cette étape en avance, je te propose de compléter cette fiche.

1. Création du compte à la BnF

- ☐ Marque éditoriale/nom de l'auteur : ....
- ☐ Adresse postale : ....
  ....
- ☐ Numéro de téléphone : ....
- ☐ Adresse email : ....

2. Déclaration du livre en ligne

- ☐ Titre du livre (définitif) : ....
- ☐ Sous-titre (facultatif) : ....
- ☐ Titre original (s'il s'agit d'une traduction) : ....
  ....
- ☐ Si collection/série (facultatif)
  - ☐ Titre de la collection/série : ....
  - ☐ Numéro dans la collection/série : ....
- ☐ « Nouveauté » (première édition) ou « Nouvelle édition » (si déjà publié auparavant) : ....
- ☐ Si livre jeunesse, donner la tranche d'âge : ....
- ☐ Date de mise à disposition du public ou mois de publication : ....
- ☐ Nombre de livres imprimés pour le 1er tirage ou tirage à la demande : ....
- ☐ Prix de vente : .... € TTC

- ☐ Fonctions (rôles) : noter le prénom, le nom, la date ou l'année de naissance et l'éventuel pseudonyme pour chacun d'entre eux
  - Graphiste + date de naissance : ....
  - Illustrateur + date de naissance : ....
  - Photographe + date de naissance : ....
  - Traducteur + date de naissance : ....
- ☐ Numéro ISBN sans espaces ni tirets : ....
- ☐ Hauteur en cm : ....
- ☐ Largeur en cm : ....
- ☐ Nombre de pages : ....
- ☐ Façonnage (au choix) :
  - ☐ Broché
  - ☐ Relié
- ☐ Imprimeur ou dernier façonnier :
  Exemples :
  - Amazon en Pologne
  - Bookelis à Jouve 53100 Mayenne
- ☐ Résumé (texte de 4e de couverture, description)
- ☐ Première de couverture (PNG, JPEG ou PDF)
- ☐ Quatrième de couverture (PNG, JPEG ou PDF)

FICHE : MODÈLE DE DÉCLARATION D'UN LIVRE JEUNESSE

Copie et complète cette déclaration afin de l'envoyer à la CSCPJ

Identification du déposant

Nom ou raison sociale et adresse : ....
....
Téléphone : ....
Adresse électronique : ....
Nom de l'éditeur : ....
Descriptif du document déposé : ....
....

Identification de l'ouvrage

Numéro international normalisé (ISBN) : ....
Auteur principal : ....
Auteurs : ....
Traducteur : ....
Illustrateur : ....
Graphiste : ....
Titre de l'ouvrage : ....
Titre de la collection : ....
N° dans cette collection : ....
Caractère de l'édition :
  ☐ Nouveauté   ☐ Nouvelle édition   ☐ Réimpression
Tranches d'âge :
  ☐ 0 à 2 ans   ☐ 6 à 9 ans   ☐ 12 à 14 ans
  ☐ 2 à 6 ans   ☐ 9 à 12 ans   ☐ 14 et +
Nom ou raison sociale et adresse de l'imprimeur : ....
Date de mise à disposition du public : ....
Chiffre déclaré au tirage : Impression à la demande
Nombre d'exemplaires déposés : Dépôt obligatoire en 2 exemplaires
DATE : ....

Se faire aider dans cette étape

Si après la lecture de ce chapitre, tu sens que tu n'as pas envie, ou que tu ne souhaites pas dédier du temps à cette étape de dépôt légal, sache que je peux m'en occuper pour toi.

Pour cela, il te suffit de réserver un entretien gratuit sur mon site Internet autoediterunlivre.com, onglet « Entretien gratuit ». Choisis la date et l'heure de ton choix sur mon agenda en ligne.

Tu pourras en profiter pour me poser tes questions particulières sur l'autoédition !

En scannant le QR Code ci-dessous, tu rejoindras directement mon site Internet.

> Entretien téléphonique gratuit et sans engagement.

Budget à prévoir

Si tu délègues cette étape, il faut compter 45 € pour le dépôt légal d'un premier livre à la BnF. Cela comprend la création de ton compte, la déclaration en ligne et l'envoi de ton livre par la Poste. Il est aussi possible de confier cette étape partiellement (la déclaration sans l'envoi par exemple).

Certaines plateformes d'autoédition s'occupent aussi du dépôt légal. Dans ce cas, veille à bien récupérer le reçu de dépôt légal une fois le livre envoyé.

Concernant le dépôt à la CSCPJ (ministère de la Justice) **prévoit 45 €.** Cela comprend la création de la déclaration de dépôt pour la CSCPJ et l'envoi de 2 exemplaires du livre par courrier postal au Ministère de la Justice. Les frais d'envoi sont évalués à 10 € pour les 2 livres.

Autres ressources

ARTICLES

Toutes mes ressources gratuites sur autoediterunlivre.com

Comment faire le dépôt légal d'un livre autoédité à la BnF ? Tutoriel complet et en image :
https://autoediterunlivre.com/depot-legal-livre-bnf/

Procédure du dépôt légal d'un livre sur le site de la BnF :
https://www.bnf.fr/fr/centre-d-aide/depot-legal-editeur-mode-demploi

Tout sur le dépôt légal des livres jeunesses auprès de la CSCPJ du Ministère de la Justice :
http://www.justice.gouv.fr/justice-des-mineurs-10042/commission-cscpj-12129/

VIDÉOS

Comment faire le DÉPÔT LÉGAL à la BNF (en autoédition)
https://youtu.be/Gxo8lrJMMD0

De nombreux tutoriels vidéos sont disponibles sur YouTube. Je t'invite à chercher les éléments dont tu as besoin au fur et à mesure.

ÉTAPE 9 : CRÉATION DU LIVRE ET PUBLICATION

C'est quoi la création d'un livre ?

Non, il ne t'est pas demandé d'imprimer les pages de ton livre et de le monter toi-même ! Fort heureusement. Mais dans l'autoédition, c'est tout de même à toi de le créer. Et c'est là qu'entre en jeu la plateforme d'autoédition que tu as précédemment sélectionnée (étape 4).

Ici, je ne vais pas t'expliquer en détail comment utiliser toutes les plateformes, ce serait impossible car il y en aurait trop à dire. Mon but est de t'expliquer le fonctionnement et les étapes à gérer, afin de te rassurer sur cette démarche et de ne rien oublier.

Cependant, je vais te donner quelques indications et informations utiles.

La « Fiche : Créer mon livre sur une plateforme d'autoédition » devrait t'aider à bien te préparer à cette étape et à rechercher les informations complémentaires en cas de besoin.

J'ai aussi créé des tutoriels imagés sur mon site Internet. Ils t'aideront grandement ! Je te mets les liens en fin de chapitre.

À SAVOIR

La création d'un compte sur une plateforme ne t'engage pas à y publier ton livre. Bien entendu, tu perds la somme investie lorsque l'inscription est payante. Mais tu peux toujours visiter les plateformes comme Amazon KDP ou TheBookedition pour te forger ton avis avant de prendre ta décision finale.

Sache aussi que tu peux mettre à jour certains des éléments composant ton livre au cours de la création et même après la publication. Mais pour les plateformes payantes, il se peut qu'un supplément financier te soit demandé.

 Dans la « Fiche : Créer mon livre sur une plateforme d'autoédition », je t'indique les éléments non modifiables.

Lorsque c'est possible, commande un exemplaire test, aussi appelé BAT (Bon à tirer) ou épreuve de livre. Cela te permet de vérifier le produit que tu vendras à tes lecteurs. Et puis, c'est un bon moyen de tenir ton livre entre tes mains avant sa publication !

Éléments nécessaires

Pour cette étape, tu as besoin :
- ☐ de toutes les informations concernant ton livre (titre, sous-titre, nom de l'auteur, nom de l'édition éventuelle, prix de vente, numéro ISBN, taille du livre...),
- ☐ de tous les éléments concernant ton livre (couverture et manuscrit mis en page pour l'ebook et le livre broché aux formats demandés),
- ☐ l'accès à Internet et à ta boite email.

Délais nécessaires

1 mois avant la sortie

Tu peux visiter la plateforme et même créer un compte bien avant mais le délai d'un mois me semble minimal, surtout concernant Amazon KDP.

Comment faire pour créer un livre sur une plateforme d'autoédition.

En général, et pour les plateformes du type Amazon KDP, TheBookEdition, Bookelis et BoD, il faut procéder de la même manière.

1. Créer ton compte à l'aide d'une adresse email et d'un mot de passe ;
2. Configurer ton compte : coordonnées personnelles et bancaires (IBAN afin de percevoir ta part sur la vente de ton livre) ;
3. Créer l'ebook et le livre broché, séparément : titre, sous-titre, caractéristiques du livre papier, option de l'ebook, choix quant à la diffusion, chargement de la couverture et du manuscrit, choix du prix, validation de la plateforme (automatique et en direct), demande de publication, validation éventuelle (suivi qualité) et enfin, publication de ton livre !

AMAZON KDP

Amazon prend entre quelques heures et 72 heures, voire 5 jours dans certains cas, afin de publier ton livre. Voici le détail des délais à prévoir, sachant que depuis quelques années, ils accélèrent la publication au point que celle-ci ne prend plus que quelques heures pour l'ebook, et à peine plus d'une journée pour le livre papier.

- **Le livre papier :**
    - Livre en ligne et visible : 72 heures maximum sur Amazon.com ; 5 jours maximum sur les autres sites de vente (Amazon.fr, Amazon.es…)
    - Indiqué en stock (commande possible) : 3 à 5 jours ouvrés maximum.
- **L'ebook :**
    - Il faut compter 72 heures pour que l'ebook apparaisse sur la Boutique Amazon et puisse être précommandé ou commandé par les lecteurs.

THEBOOKEDITION ET BOOKELIS

Ces plateformes publient instantanément ton livre lorsque tu cliques sur « publier ».

BOOK ON DEMAND (BOD)

Ils demandent en plus de ces étapes le paiement de la formule sélectionnée et la signature d'un contrat (sans cession de droits d'auteurs).

Pour ce qui est des plateformes comme Librinova et Publishroom Factory, cela fonctionne un peu différemment.

LIBRINOVA

Tu dois sélectionner le pack de ton choix, les options supplémentaires, créer un compte client, valider ton paiement et c'est seulement après que tu es pris en charge par les membres de l'équipe.

PUBLISHROOM FACTORY

Ici, il te faut remplir un formulaire de dépôt, qui te demande tes coordonnées et surtout, l'envoi de ton manuscrit pour étude. Ils reviennent ensuite vers toi avec leur réponse et leur proposition de service.

 Une fois cette étape terminée, coche-là dans la liste des tâches en fin de livre !

FICHE : CRÉER MON LIVRE SUR UNE PLATEFORME D'AUTOÉDITION

Complète cette fiche pour te préparer à la publication de ton livre et t'assurer d'avoir tout ce dont tu as besoin le moment venu. Cela te permettra aussi de te renseigner en avance en cas de doutes.

Livre

- ☐ Nom ou pseudo d'auteur : ....
- ☐ Titre de ton livre : ....
- ☐ Sous-titre de ton livre : ....
- ☐ Description de ton livre (texte qui incite les lecteurs à acheter ton livre)
- ☐ Numéro ISBN de l'ebook : ....
- ☐ Numéro ISBN du livre papier : ....
- ☐ Numéro ISBN du PDF (TheBookEdition) : ....
- ☐ Nom de l'édition ou nom de l'auteur : ....
- ☐ Prix de vente de l'ebook : .... € TTC
- ☐ Prix de vente du livre papier : .... € TTC
- ☐ Prix de vente du PDF (TheBookEdition) : .... € TTC
- ☐ Date de sortie prévue : ....
- ☐ Si livre jeunesse → tranche d'âge : ....

Compte

- ☐ Le coupon de ton IBAN (afin de toucher ta part sur la vente de tes livres)
- ☐ **Amazon** Numéros fiscal (sur ta feuille d'imposition) : ....
- ☐ **Bookelis et TheBookEdition** Adresse e-mail compte PayPal (si tu ne veux pas utiliser ton IBAN) : ....

Page auteur

- ☐ Photo d'auteur (plusieurs possibles sur Amazon KDP)
- ☐ Présentation d'auteur (biographie)

Spécificités des plateformes

SPÉCIFICITÉS D'AMAZON KDP

- ☐ Intérieur et type de papier :
    - ☐ Intérieur noir et blanc avec papier crème
    - ☐ Intérieur noir et blanc avec papier blanc
    - ☐ Intérieur couleur standard avec papier blanc
    - ☐ Intérieur couleur premium avec papier blanc
- ☐ Taille du livre papier : ....
- ☐ Fond perdu du livre papier : Avec / Sans
- ☐ Finition de la couverture du livre broché : Mat / Brillant
- ☐ Programme Amazon KDP Select pour l'ebook : Oui / Non
- ☐ Autoriser le prêt de l'ebook (sur Amazon.com) : Oui / Non

Si précommande de l'ebook (facultative)

- ☐ Date début de précommande :
- ☐ Date de publication de l'ebook : ....
- ☐ Date de publication du livre papier : ....
- ☐ Mots-clés (50 caractères max avec espaces par mot-clé)
    1. ....
    2. ....
    3. ....
    4. ....
    5. ....
    6. ....
    7. ....

Éléments modifiables après la publication sur Amazon KDP

Après la publication de ton livre, certaines fonctionnalités sont verrouillées. Celles-ci ne peuvent pas être mises à jour à moins de republier le livre sous la forme d'un nouvel ouvrage.

Informations	Ebook	Livre broché et relié
Langue	X	X
Titre du livre	X	X
Sous-titre	X	X
Numéro d'édition	X	X
Nom de l'auteur principal	X	X
Contributeurs	✓	✓
Description	✓	✓
Droits de publication	✓	✓
Mots-clés	✓	✓
Rubriques	✓	✓
Âge et niveau scolaire	✓	X
Gestion des droits numériques	X	-
ISBN	-	X
Marque éditoriale	-	X
Type d'encre et de papier	-	X
Taille de coupe	-	X
Territoires	✓	✓
Prix	✓	✓
Taux de redevance	✓	X
Distribution étendue	-	✓

Éléments à fournir et leurs formats (rappel) :

- ☐ Manuscrit
  - ☐ Ebook : DOCX, EPUB ou KPF
  - ☐ Broché : PDF, DOC, DOCX, HTML ou RTF
- ☐ Couverture
  - ☐ Ebook : JPEG ou TIFF
  - ☐ Broché : PDF

SPÉCIFICITÉS DE BOOKELIS

- ☐ Options de commercialisation du livre papier
    - ☐ Cercle Privé : livre publié uniquement pour toi, il n'est pas disponible à la vente. Tu peux le faire imprimer depuis ton compte.
    - ☐ Vente sur Librairie Bookelis : ton livre est immédiatement disponible à la vente dans la rubrique « Librairie » sur le site Bookelis.
    - ☐ Distribution avec Hachette Livre : vente sur Librairie Bookelis ET chez les libraires francophones (option payante).
        - ☐ Pack France : 5 000 librairies en France Métropolitaine — 8 €/mois (96 €/an)
        - ☐ Pack Francophonie : 7 000 librairies en France Métropolitaine + Suisse + Belgique + Canada — 11 €/mois (132 €/an)
        - ☐ Pack Monde : 10 000 librairies francophones dans le monde (Dom-Tom inclus) — 13 €/mois (156 €/an)
- ☐ Distribution de l'ebook (gratuit et au choix)
    - ☐ Distribution standard : ebook en vente seulement sur la librairie Bookelis
    - ☐ Distribution premium : ebook en vente sur la librairie Bookelis et sur (au choix) :
        - ☐ Amazon Kindle
        - ☐ Apple Ibooks
        - ☐ Kobo
        - ☐ Fnac
        - ☐ Chapitre
        - ☐ Decitre
- ☐ Type de couverture
    - ☐ Souple**
    - ☐ Cartonnée

- ☐ Pelliculage
    - ☐ Sans pelliculage (pas avec hachette)
    - ☐ Mat (sobre et satiné)
    - ☐ Brillant (dynamique et éclatant)
- ☐ Type de papier
    - ☐ Olin Blanc
    - ☐ Bouffant
    - ☐ Couché blanc
    - ☐ Offset**
- ☐ Impression intérieure
    - ☐ Couleur
    - ☐ Noir et blanc
- ☐ Extrait
    - ☐ Numéro de la première page de l'extrait : ....
    - ☐ Numéro de la dernière page de l'extrait : ....

** Choix obligatoire si distribution avec Hachette

Éléments à fournir et leurs formats (rappel) :

- ☐ Manuscrit
    - ☐ Ebook (.doc sans couverture intégrée ou epub avec couverture intégrée)
    - ☐ Broché (pdf, rtf, doc, docx ou odt)
- ☐ Couverture
    - ☐ Ebook (.jpg, png)
    - ☐ Broché (.pdf, .jpg)

SPÉCIFICITÉS DE THEBOOKEDITION

- ☐ 5 mots-clés (séparés par une virgule) : ....
  ....
- ☐ Extrait :
  - ☐ À partir de la page (numéro de page) : 7 ou 11
  - ☐ Nombre de page : 5, 10 ou 15
- ☐ Type de couverture
  - ☐ Sensation tactile
  - ☐ Pelliculé brillant
  - ☐ Pelliculé mat
  - ☐ Soft touch
- ☐ Type de papier intérieur
  - ☐ Noir et blanc - papier munken 80g
  - ☐ Couleur - papier 135g
- ☐ Informations optionnelles
  - ☐ Âge de début écriture : ....
  - ☐ Auteur préféré : ....
  - ☐ Style littéraire préféré : ....
- ☐ Si microentreprise/si entreprise
  - ☐ Nom entreprise (raison sociale) : ....
  - ☐ SIRE : ....
  - ☐ APE : ....
  - ☐ Site Internet : ....

Éléments à fournir et leurs formats (rappel) :

- ☐ Manuscrit
  - ☐ Ebook (.epub) avec couverture incluse
  - ☐ Broché (.pdf)
- ☐ Couverture
  - ☐ Broché (.jpg, .pdf ou .png)
  - ☐ Ebook : inclue dans l'EPUB du manuscrit

Se faire aider dans cette étape

Si après la lecture de ce chapitre, tu sens que tu n'as pas envie, pas le temps ou pas les compétences de créer et publier toi-même ton livre sur une plateforme d'autoédition, sache que tu peux faire appel à mes services.

 Pour cela, il te suffit de réserver un entretien gratuit sur mon site Internet autoediterunlivre.com, onglet « Entretien gratuit ». Choisis la date et l'heure de ton choix sur mon agenda en ligne.

Tu pourras en profiter pour me poser tes questions particulières sur l'autoédition !

En scannant le QR Code ci-dessous, tu rejoindras directement mon site Internet.

> *Entretien téléphonique gratuit et sans engagement.*

Budget à prévoir

AMAZON KDP

Il faut compter 400 € pour la création, prise en main et paramétrage du compte Amazon KDP ainsi que la création, paramétrage et publication du livre au format ebook et broché. Les prix sont dégressifs si seule l'une des deux versions est à publier, ou si le compte a déjà été correctement paramétré.

AUTRES PLATEFORMES

Compte entre 150 et 180 € pour la création, prise en main et paramétrage du compte ainsi que la création, paramétrage et publication du livre en ebook et broché.

Avec ces services, tu obtiens un compte paramétré, l'ebook et le livre papier publiés, ainsi que des conseils personnalisés, des astuces stratégiques et des guides et des tutoriels en images qui t'aideront dans la suite de ton aventure avec la plateforme choisie.

De nombreux professionnels proposent des formations en ligne, ou des coachings. Dans ce cas, c'est à toi d'agir et de créer ton livre, en suivant leurs conseils. Contrairement à une prestation pour laquelle le tiers accomplit la tâche à ta place.

Autres ressources

ARTICLES

Toutes mes ressources gratuites sur autoediterunlivre.com pour t'aider dans cette tâche délicate.

J'en ajoute constamment, alors pense à aller visiter le blog régulièrement.

> Tutoriels autoédition Amazon KDP
Auto édition sur Amazon d'un ebook et d'un livre papier
https://autoediterunlivre.com/auto-edition-amazon/

Publier un ebook sur Amazon Kindle
https://autoediterunlivre.com/publier-un-ebook-sur-amazon/

Publier un livre broché sur Amazon :
Partie 1
https://autoediterunlivre.com/publier-un-livre-broche-sur-amazon/
Partie 2
https://autoediterunlivre.com/publier-un-livre-papier-sur-amazon/
Livre relié sur Amazon : comment faire
https://autoediterunlivre.com/livre-relie-sur-amazon-comment-faire/

VIDÉOS

J'ajoute régulièrement des vidéos sur ma chaine YouTube. Voici les vidéos concernant les plateformes actuellement disponibles :

ÉPREUVE de LIVRE sur AMAZON KDP Pourquoi et comment la commander ?
https://studio.youtube.com/video/j3D5WedTMVU/edit

C'est quoi une plateforme d'autoédition ?
https://youtu.be/TgqRipOPHOQ

De nombreux tutoriels sont disponibles sur YouTube. Je t'invite à chercher les éléments dont tu as besoin au fur et à mesure.

ÉTAPE 10 : PROMOTION (FACULTATIF) OU « PARLER DE MON LIVRE »

Si tu as suivi un des premiers conseils fournis dans ce livre, tu as déjà lu ce chapitre une première fois, et si tu lis de nouveau ce passage, c'est pour te remettre en mémoire les données principales.

En effet, la promotion est une étape omniprésente durant la construction d'un livre. Elle intervient avant, pendant et après la sortie d'un livre ! Mais comme je te l'ai expliqué, tu n'es pas obligé de mettre en place une stratégie de vente et de promotion.

Si tu es motivé, alors je t'offre quelques conseils. Mais il te faudra **pousser tes recherches un peu plus loin** si tu veux vendre ton livre efficacement !

C'est quoi la promotion d'un livre ?

Lorsque l'on parle de promotion, on entend « marketing », « publicité », « vendre son âme au diable »...

J'ai un autre point de vue sur la question. Selon moi, promouvoir son livre (et n'importe quel produit ou service), c'est tout simplement « en parler ».

En effet, toutes les stratégies de promotions consistent à **communiquer autour de son livre** (ou de ce que tu souhaites vendre). Alors, si tu sens que la partie « promotion » te bloque, passe un coup de blanc correcteur sur le titre et laisse seulement apparaitre « Parler de mon livre », car c'est ça le but de ce chapitre.

Éléments nécessaires

Pour cette étape, tu as besoin :
- ☐ de temps,
- ☐ d'énergie,
- ☐ de volonté, de motivation, de détermination...
- ☐ de ta liste d'objectifs écrite à l'étape 1,
- ☐ de compétences en matière de réseaux sociaux, de communication et de création de contenus visuels,
- ☐ d'un ordinateur et d'une connexion Internet,
- ☐ des informations concernant ton livre (titre, couverture, dates, prix...)

Délais nécessaires

Indéfini
OU 6 mois avant et après la sortie

Tout dépend de toi, de tes objectifs et de tes envies. À toi de déterminer ton investissement en fonction de tes objectifs fixés à l'étape 1 de ce livre.

Comment parler de mon livre ?

1. Principes de base

Parler de son livre ce n'est pas :
- ✗ hurler à tort et à travers de ton livre,
- ✗ penser que ton livre DOIT être lu et aimé par tous les lecteurs qui croisent ta route,

- ✗ croire que toutes les personnes à qui tu vas parler de ton livre vont l'acheter,
- ✗ imaginer que les lecteurs connaissent et achèteront ton livre rien qu'en leur donnant quelques informations,
- ✗ être sûr qu'avec quelques posts publiés le jour de la sortie, le livre se vendra,
- ✗ partir du principe que les groupes Facebook sont remplis de lecteurs avides d'acheter tous les livres qui y sont exposés…

Le processus de choix et donc d'achat est complexe pour l'être humain. C'est même une science !

Voilà pourquoi c'est une étape redoutée et que **la vente est un métier en soi**. Difficile de s'improviser vendeur en l'espace de quelques jours, semaines ou mois. C'est technique et parfois, je pense, c'est même inné. Certaines personnes ont « ça dans le sang ». Mais tu peux faire de ton mieux et simplement proposer ton livre aux bonnes personnes, au bon moment et de la bonne manière. Et quoi qu'il arrive, **reste humble, patient et respectueux**.

2. Définir ton lecteur potentiel

Si tu veux parler de ton livre, il faut savoir comment tu veux en parler, et qui est concerné par cette communication.

Il existe des techniques qui permettent d'écrire un livre en fonction d'un besoin. Mais bien souvent, lorsque l'on débute dans l'autoédition, nous écrivons avant tout car une idée nous est venue, une envie d'écrire sur un sujet particulier.

Pour savoir comment parler de ton livre, tu dois comprendre à quel besoin et à quel problème il répond. Bien souvent, cela concerne :

- **le besoin de divertissement**, de changer d'air, de découverte, d'amusement, d'apprentissage…
- **le problème concernant un sujet précis** dont les solutions (tout ou partie) se trouvent dans ton livre.

Trouve donc les besoins et les problèmes auxquels répond ton ouvrage, et tu cerneras davantage ton futur lecteur.

Puis, tente de comprendre les objectifs de ton futur lecteur. Où ton lecteur veut-il arriver une fois ton livre terminé ?
Ces objectifs peuvent être :
- **émotionnels** : comment se sentira ton lecteur une fois le livre achevé ?
- **factuels** : qu'est-ce que ton lecteur fera grâce à ton livre ?

Tu peux imaginer qu'il veut être plus joyeux, diverti, détendu ou en possession d'informations nouvelles, plus avertis sur un sujet en particulier, etc.

Grâce à ces réponses, tu peux ensuite définir le désir principal de ton potentiel lecteur. Pour cela, sélectionne 3 ou 4 mots qui définissent son objectif final. Ce qu'il veut obtenir et que tu peux satisfaire grâce à ton livre.

Par exemple, il peut s'agir de :
- relaxation, sourires, joie, rires, dépaysement
- autoéditer, fierté, accomplissement, assurance et confiance, joie

Prends donc le temps de répondre à toutes ces questions. Pour cela, complète la « Fiche : Ma stratégie de promotion OU comment parler de mon livre ». Prends ton temps, cela en vaut la peine.

3. Soigner ton image d'auteur

Être auteur et chercher à vendre son livre c'est comme créer une entreprise et tenter de promouvoir sa marque et ses produits et/ou services. Cela demande de soigner ton image en tant qu'auteur.

Tu peux commencer par t'approprier un certain rôle. Tout comme tu te comportes légèrement différemment avec tes collègues, tes parents, tes enfants, ton ou ta conjoint(e), tes amis… Tu vas communiquer d'une certaine manière avec tes potentiels lecteurs et tes lecteurs accomplis.

L'image d'auteur est tout ce qui te définit en tant qu'auteur, toi dans ton rôle d'auteur et tes livres. C'est ce que voient les lecteurs au travers de ta communication visuelle et écrite sur Internet. Tu dois donc bien réfléchir à ce que tu veux transmettre. Quels messages souhaites-tu partager ? Comment les lecteurs te percevront-ils ?

Afin de soigner ton image d'auteur, je te recommande de penser comme si tu gérais une entreprise, **c'est la logique entrepreneuriale**. Assure-toi que ta « marque » attirera les lecteurs qui aimeront tes livres. Toute ta communication se base sur cette image que tu transmets et qui représente ton univers et ton style.

TON UNIVERS

Avant tout, construis ton univers. Cela se fera peu à peu, mais tu peux commencer **sur de bonnes bases** afin de garder une harmonie tout au long de ton aventure en tant qu'auteur autoédité !

Ton univers représente ta personnalité d'auteur, un peu comme un « personnage », ce que tu souhaites partager avec tes lecteurs. Il correspond au style de tes livres, aux « catégories » dans lesquels ils se rangent. L'univers, tout comme ta marque, te différencie des autres auteurs.

TON LOGO

Ton nom d'auteur est le nom de ta marque ! Surtout si tu n'as pas d'édition (réelle ou fictive). C'est un des éléments principaux de ton image d'auteur. Et il sera mis en valeur s'il est présenté sous forme d'un logo. En général, il suffit de choisir une police d'écriture qui correspond à ton style et qui te plaît. Choisis aussi sa couleur. Tu peux ajouter une image, un dessin ou la mention de ton titre de « romancier » ou d'« auteur ». Tout dépend de tes goûts et de ton style.

TA CHARTE GRAPHIQUE

Il s'agit de **signes graphiques** composant ton identité visuelle auprès des lecteurs. C'est un moyen de te faire remarquer et différencier des autres auteurs et contenus sur Internet.

Il s'agit des couleurs et des polices d'écriture que tu utiliseras dans tes communications et qui représenteront au mieux ton image d'auteur. Les images et la forme que prendront tes publications en font également partie. Tu peux travailler ton logo et ta charte graphique en parallèle car les deux sont liés.

DES VISUELS POUR METTRE EN AVANT TON IMAGE D'AUTEUR

Une fois que tu possèdes tous ces éléments, il t'est facile de créer des visuels à ton image. Tu peux utiliser différents outils graphiques mais le plus efficace selon moi aujourd'hui est Canva.com. La version gratuite est très bien pour commencer. Si tu veux aller plus loin, n'hésite pas à investir dans la version payante.

COMMUNIQUER SUR LES RÉSEAUX SOCIAUX

Les réseaux sociaux sont incontournables dans ton activité d'auteur autoédité, que ce soit pour te faire connaître ou pour te guider dans les méandres de cette aventure incroyable !

Créer sa communauté sur Internet quand on est auteur est essentiel. C'est cela qui te permettra de vendre ton livre. Mais pour cela, tu dois **optimiser ton profil** sur Instagram et Facebook notamment. Il doit être attractif, tu dois soigner ta biographie et ta présentation, veiller à afficher une photo de profil qui te met en valeur, etc.

 Pour cela, prends soin d'utiliser les pistes soulevées dans la « Fiche : Ma stratégie de promotion OU comment parler de mon livre ».

Mais il faudra aussi que tu te renseignes sur le fonctionnement de chaque réseau et ses avantages. Il vaut mieux choisir seulement un ou deux réseaux et poster des contenus utiles et de qualités, que de s'éparpiller et risquer de s'essouffler.

Utiliser les réseaux sociaux, cela signifie **partager du contenu pertinent** pour attirer tes lecteurs à toi et les inciter à te suivre. Pour cela, il te faut du contenu de qualité : articles, posts et visuels. Tout ce que tu publieras devra être en lien avec ton univers, tes livres, ton style, ce que tu aimes et qui parle aussi à tes lecteurs, et ta personnalité (d'auteur). Lorsque tu partages des contenus sur les réseaux sociaux, veille à ce qu'ils soient valorisants pour toi et intéressants pour tes lecteurs.

Le ton utilisé dans tes écrits est important aussi. Lorsque tu écris un post ou même un article, imagine une conversation avec un ami ou une connaissance. Visualise-toi dans un café lors d'une rencontre avec une lectrice ou un potentiel lecteur. Ou même, un échange par email avec une amie particulièrement intéressée par le sujet que tu abordes.

Avant toute publication, demande-toi : qu'est-ce qui l'intéresserait ? Si la personne en face de moi souhaite m'écouter, c'est qu'elle a un intérêt (elle suit ta page Facebook par exemple). Mais si tu lui parles de tes soucis avec un collègue ou de la nouvelle voiture que tu viens d'acheter, en quoi cela va maintenir son intérêt ? Sauf si ce sont des thèmes abordés dans tes livres ou ton univers bien sûr. Car le but, c'est que cette personne revienne boire un café avec toi et qu'un jour, elle achète ton livre.

En réfléchissant ainsi, tu trouveras le moyen d'échanger des contenus, des informations et des visuels qui garderont ton public alerte et friand de tes publications. Ne pense pas à la masse de tes abonnés, ou seulement à vendre ton livre à tout prix... Pense plutôt à leur envie de te connaître et d'en savoir plus sur ton monde, ton style, ce qui t'inspire...
Livre-toi, donne des informations croustillantes sur tes personnages, tes projets d'écriture, pour créer une relation de confiance. Les lecteurs aiment se sentir privilégiés et sentir qu'ils connaissent un peu l'auteur derrière le livre.

ERREURS À NE PAS FAIRE (LISTE NON EXHAUSTIVE)

- ✖ Crier à tu tête ton classement sur Amazon KDP.
- ✖ Publier des posts sans formes de salutation et de respect (la politesse, c'est la base, écris toujours « bonjour »).
- ✖ Publier des posts contenant simplement des passages à l'action qui deviennent en fait des ordres malvenus du type « mon livre est en vente », « achetez mon livre »...

- ✖ Utiliser des images de mauvaise qualité, des photos floues ou mal cadrées... Ce serait comme proposer un vieux livre corné !
- ✖ Manquer de sincérité en écrivant des posts qui ne te correspondent pas.

4. Calendrier de lancement

Un bon moyen de gérer la sortie de ton livre et par la même occasion, la communication autour de cet événement important est de **prévoir un calendrier de lancement**. Celui-ci contiendra toutes tes idées de post, date par date, semaine après semaine, et ce avant, pendant et après la sortie de ton livre. Ainsi, tu sauras exactement quoi publier et quand !

AVANT LA SORTIE DU LIVRE

Tu peux parler de ton livre, avant même qu'il soit publié ! C'est même conseiller. Par exemple, tu peux prévoir des posts qui portent sur les sujets suivants.

- Annonces :
  - ☐ révélation du titre,
  - ☐ révélation de la couverture,
  - ☐ révélation du résumé du livre,
  - ☐ annonce de la date de sortie,
  - ☐ décompte avant la date de la sortie du livre...
- Informations concernant le livre :
  - ☐ présentation du livre,
  - ☐ images du livre en 3D,
  - ☐ extraits du livre,
  - ☐ présentation de personnages...
- Commentaires et avis :
  - ☐ partage de commentaires de bêta-lecteur,
  - ☐ partage d'une chronique...

Tu peux compléter cette liste d'idées avec les tiennes et celles que tu pioches au fil de tes visites sur les réseaux sociaux.

PENDANT LA SORTIE DU LIVRE

Le jour même de la sortie officielle de ton livre, **tu dois être disponible**. Prévois des posts spéciaux qui informe clairement les potentiels lecteurs que ton livre est disponible et comment se le procurer. Assure-toi que les liens fonctionnent, écris à tes proches...
Et surtout, veille à ce qu'il soit facile pour les lecteurs de se procurer ton livre ! Il n'est pas question qu'ils tombent sur une vieille page de ton site Internet qui dirait « bientôt disponible » ou que ton livre ne soit pas marqué « en stock » sur la boutique d'Amazon.

APRÈS LA SORTIE DU LIVRE

Une fois ton livre publié, la promotion ne s'arrête pas. Il te faut encore parler de ton livre dans les jours et semaines à venir. Le premier mois est le plus important sur Amazon. Mais pas seulement. Les lecteurs et potentiels lecteurs présents sur les réseaux sociaux doivent continuer de recevoir de tes nouvelles si tu ne veux pas perdre leur attention.
Si tu prévois la publication de ton ebook et de ton livre papier en deux temps, c'est l'occasion de prévoir plusieurs posts à ces deux occasions.
Tu dois aussi trouver de nouvelles idées de contenus à proposer, toujours en lien avec ton univers, ton style, ton livre et pourquoi pas, les prochains ouvrages ! Tes personnages continuent de vivre au travers des pages que parcourent maintenant tes lecteurs.
Et il reste des lecteurs qui ne connaissent pas ton livre. Trouve un moyen de leur en parler. Les chroniques, avis et commentaires sont un bon moyen de parler de ton livre au travers des mots de ces tiers.

Bref, c'est un travail de longue haleine, qui ne s'arrête jamais vraiment.

5. Les autres solutions pour parler de son livre et le vendre

Mise à part la promotion en elle-même sur les réseaux sociaux, il existe d'autres moyens de parler et de vendre ses livres.
- ☐ Créer un site Internet d'auteur, un site vitrine.
- ☐ Organiser des séances de dédicaces.
- ☐ Proposer ton livre en dépôt-vente dans des librairies indépendantes physiques.
- ☐ Ajouter ton livre dans des librairies indépendantes en ligne.
- ☐ Participer à des événements : salons du livre, marchés de Noël, braderies…
- ☐ Organiser des lectures dans des lieux publics (bibliothèques, médiathèques, salons…)
- ☐ Mettre en place une stratégie de promotion payante sur Amazon et/ou Facebook et Instagram.
- ☐ Proposer un extrait audio au lieu des textes habituels (voir lien sur l'audiobook à la fin de ce chapitre).
- ☐ Faire parler de tes livres par la presse, la télévision, les radios, les journaux, les magazines, les sites Internet, les blogs… Bref, te faire connaître dans le monde de la littérature !

À toi de parler de ton livre ! Pour cela, je t'invite à compléter la « Fiche : Ma stratégie de promotion OU comment parler de mon livre. »

Une fois cette étape terminée, coche-là dans la liste des tâches en fin de livre !

FICHE : MA STRATÉGIE DE PROMOTION OU COMMENT PARLER DE MON LIVRE

Mon lecteur potentiel idéal

À quels besoins mon livre répond-il ?

....
....
....

À quels problèmes mon livre répond-il ?

....
....
....

Où mon lecteur veut-il arriver une fois mon livre terminé ?

    Objectifs émotionnels : comment se sentira mon lecteur une fois le livre achevé ?

....
....
....

    Objectifs factuels : qu'est-ce que mon lecteur fera grâce à mon livre ?

....
....
....

Quels sont les 3 ou 4 mots qui définissent son objectif final ? Ce qu'il veut obtenir et que je peux satisfaire grâce à mon livre.

1. ....
2. ....
3. ....
4. ....

Qui est mon lecteur idéal et potentiel en quelques mots ?

....
....
....

Mon image d'auteur

MON RÔLE EN TANT QU'AUTEUR

Quels messages je souhaite partager ?

....
....
....
....

Comment les lecteurs me percevront-ils ?

....
....
....
....

MON UNIVERS

Décrire ce que je veux montrer de moi. Qui suis-je ?

....
....
....
....

MON LOGO ET MA CHARTE GRAPHIQUE

Style général

....
....

Police d'écriture

....
....
....

Couleurs et tons

....
....

Illustration (image/dessin)

....
....

Mention (romancier, auteur...)

....

FICHE TECHNIQUE : CALENDRIER DE LANCEMENT D'UN LIVRE

Exemple de calendrier partiel à construire avant la sortie d'un livre.

Semaine	Jour	Type	Idée	Idée de visuel	Légende	Call to action	Lien
Semaine 1	01	Annonce	Révélation du titre	En lien avec ambiance du livre	Annonce sortie prochaine + titre	Abonner + « aimer » la page	Site Internet + Facebook
Semaine 1	05	Commentaire/ avis	Partage commentaire bêta-lecteur	Extrait commentaire + nom bêta	Présentation bêta + commentaire complet Remerciement	Pousser à lire article/le livre	Site Internet du bêta
Semaine 2	10	Commentaire/ avis	Partage de commentaires de bêta-lecteur	Visuel avec extrait du commentaire du partenaire	Présentation bêta + commentaire complet Remerciement	Pousser à lire article/ livre	Site Internet du bêta
Semaine 2	15	Personnage	Personnage	Image qui représente le personnage	Profil du personnage	Inviter à laisser un commentaire	
Semaine 3	20	Livre	Le livre en 3D	Visuel attrayant	Présenter livre + Description univers	Abonner + « aimer » la page, + suivre	Site Internet + Facebook

Bien entendu, il s'agit là d'un court exemple à compléter en fonction de ta stratégie. Note bien qu'une ligne correspond à un post à publier.

POUR CELA, IL TE FAUT DÉFINIR LES POINTS SUIVANTS :

- ☐ avant la sortie
    - ☐ nombre de semaines de promotion : ....
    - ☐ nombre de posts par semaine : ....
- ☐ semaine de la sortie
    - ☐ nombre de posts par semaine : ....
- ☐ après la sortie
    - ☐ nombre de semaines de promotion : ....
    - ☐ nombre de posts par semaine : ....

Si le calendrier prévoit 4 semaines de promotion avant et 2 semaines après la sortie, il pourra se composer ainsi.

- Semaine 1 à 4 (avant) :
    - Semaine 1 : 6 posts à publier
    - Semaine 2 : 6 posts à publier
    - Semaine 3…
- Semaine 5 (sortie) :
    - Jour J : 2 posts par jour
    - J+1 : 2 posts par jour
    - J+2 : 2 posts par jour
    - J+3…
- Semaine 6 à 7 (après) :
    - Semaine 6 : 4 posts à publier
    - Semaine 7…

Se faire aider dans cette étape

Si après la lecture de ce chapitre, tu sens que tu as besoin d'aide dans la promotion de ton livre, et donc pour en parler à tes potentiels lecteurs, sache que tu peux faire appel à un professionnel.

 Équipe de Co-Autoédition : des professionnels de confiance que j'ai personnellement sélectionnés. Et tu profites de remises spéciales !

PLUSIEURS POSSIBILITÉS S'OFFRENT À TOI :

Aide à la promotion sur les réseaux sociaux
https://autoediterunlivre.com/equipe-de-co-autoedition-promotion-sur-les-reseaux-sociaux/

Visibilité littéraire dans les médias
https://autoediterunlivre.com/equipe-de-co-autoedition-visibilite-medias/

Créer un site Internet d'auteur
https://autoediterunlivre.com/equipe-de-co-autoedition-site-internet-auteur/

Publicité sur Amazon
https://autoediterunlivre.com/equipe-de-co-autoedition-publicite-sur-amazon/

Budget à prévoir

Compte entre 120 et 300 € minimum pour un lancement bref si tu t'offres les services d'un chargé de communication. Il faut souvent augmenter le budget par la suite ou gérer par soi-même.

Tu peux réaliser ces campagnes publicitaires payantes sur Google ou Facebook et Instagram. Là, il faut compter un budget mensuel de **200 € minimum** et persévérer sur la durée.

Enfin, il est possible de faire appel à des services presse. Là, il faut **compter entre 200 € et 1000 €** pour un lancement.

 Aucune de ces solutions payantes ne te garantit la vente de ton livre.

Attention à la fraude !

Vérifie que le professionnel :
- s'y connaisse dans la vente de livre et dans l'autoédition,
- te précise le cadre de ses prestations : Fera-t-il à ta place ? Est-ce un simple contenu informatif ? Va-t-il prévoir un calendrier de lancement adapté à ta situation ? Étudiera-t-il le profil de tes potentiels lecteurs ? Créera-t-il les contenus à ton image ? Te proposera-t-il une charte graphique dont il te fournira les modèles pour la suite ?

De nombreux professionnels sont très doués en communication, notamment sur les réseaux sociaux. Mais cela ne signifie pas qu'ils savent comment communiquer auprès de lecteurs au sujet d'un livre autoédité.

Et peu importe leurs compétences, **c'est toi qui es responsable de la promotion de ton livre.** Car toi seul connais réellement ton livre et tes lecteurs. Tu ne peux pas véritablement et complètement déléguer cette étape. Tu devras toujours t'investir à ce niveau si tu veux vendre ton livre.

Autres ressources

ARTICLES

Toutes mes ressources gratuites sur autoediterunlivre.com

Tout sur la communication avec tes lecteurs
Communiquer sur les réseaux sociaux quand on est auteur
https://autoediterunlivre.com/communiquer-sur-les-reseaux-sociaux-auteur/

Être un auteur autoédité sur Instagram et Facebook
https://autoediterunlivre.com/auteur-instagram-facebook/

Soigner son image d'auteur pour mieux vendre tes livres
https://autoediterunlivre.com/image-auteur/

Comment contacter les libraires pour organiser des séances de dédicaces ?
https://autoediterunlivre.com/organiser-des-seances-de-dedicaces-contacter-les-libraires/

Organiser des dédicaces pour rencontrer ses lecteurs
https://autoediterunlivre.com/rencontrer-ses-lecteurs-organiser-des-dedicaces/

Créer un extrait audio
Créer un livre audio et un extrait audio de ton livre
https://autoediterunlivre.com/creer-un-livre-audio-et-un-extrait-audio-de-ton-livre/

Les librairies indépendantes en ligne

La librairie des auteurs Co-Autoédités (celle que je gère)
https://autoediterunlivre.com/librairie-des-auteurs-co-autoedites/
Les autres librairies indépendantes pour auteur autoédité
https://autoediterunlivre.com/equipe-de-co-autoedition-librairie-independante/

Les autres sources d'informations

Il existe une multitude de contenus utiles, en voici quelques-uns tirés du site de Jérôme Vialleton sur Écrire et être-lu.com, une des références selon moi à ce sujet.

Vendre son livre en ligne : Cibler ses lecteurs
https://ecrire-et-etre-lu.com/vendre-son-livre-en-ligne/

Comment faire connaître son livre (même le premier)
https://ecrire-et-etre-lu.com/comment-faire-connaitre-son-livre/

12 choix à faire avant de vendre ses livres
https://ecrire-et-etre-lu.com/12-choix-a-faire-avant-de-vendre-ses-livres/

Tu peux aussi t'offrir son livre : « Vendre son livre quand on n'a pas le temps (et pas d'argent) - Un guide pas-à-pas pour les auteurs fauchés et débordés » - par Jérôme Vialleton
https://ecrire-et-etre-lu.com/vendre-son-livre-quand-on-na-pas-le-temps-guide-pas-a-pas/

BONUS : STATUT DE L'AUTEUR

Note avant de commencer cette étape : je ne suis pas une professionnelle juridique. La suite de ce chapitre ne comporte que des conseils tirés de mes propres recherches et de mon expérience en tant qu'auteure. Je t'invite à toujours te **renseigner par toi-même** et à contacter les organismes adéquats en cas de doutes.

C'est quoi le statut de l'auteur autoédité ?

POURQUOI CETTE ÉTAPE EST-ELLE PLACÉE À LA FIN DE CE LIVRE ?

Le statut de l'auteur est un sujet à la fois sensible, compliqué et qui fait peur. Mais rassure-toi, rien ne sert de t'en occuper impérativement avant la sortie de ton livre. Bien sûr, tu peux le faire si cela te rassure. Mais si tu sens que ce sujet te bloque, alors fait comme ce livre te l'indique, laisse-le pour la fin !

En effet, tu as au moins un mois avant de percevoir tes premiers revenus d'auteur. Tu devras même attendre trois mois avec Amazon KDP. Tu as donc au moins plusieurs semaines devant toi, après la sortie de ton livre, pour te pencher sur le sujet.

UN STATUT POUR UNE ACTIVITÉ BIEN PARTICULIÈRE

Lorsque tu autoédites un livre, et que tu en vends des exemplaires, cela signifie que tu touches des revenus. Et ces revenus font de toi une personne différente du salarié que tu es peut-être déjà.
En effet, tu dois démontrer à l'État la provenance de l'ensemble de tes revenus, et éventuellement payer des cotisations sociales et des impôts. C'est donc un sujet sérieux !

Dans cette étape, je vais t'indiquer les principaux statuts possibles et la marche à suivre pour entamer les démarches nécessaires.

Délais nécessaires

Quand tu veux, dans la limite d'un mois après la sortie

Tu peux t'en occuper avant la sortie ou après. Mais ne tarde pas trop non plus !

Comment légaliser son statut d'auteur autoédité

Tout comme l'étape sur la publication en elle-même, il serait impossible de faire tenir tout ce dont tu as besoin de connaître sur les statuts dans un seul chapitre.

Je vais donc te présenter les possibilités qui s'offrent à toi afin de t'indiquer le chemin à prendre. Mais rassure-toi, j'ai aussi des articles de blog qui t'aideront dans cette étape. Je t'en parle en fin de chapitre.

1. Une obligation légale

Tout d'abord, sache que tu ne peux pas gagner de l'argent avec tes ventes sans les déclarer. Et qu'une simple déclaration sur ta feuille d'imposition n'est pas suffisante, contrairement à ce que certains disent. Il s'agit d'une **fausse croyance**.

En effet, la loi oblige à :
- ☐ déclarer tous tes revenus,
- ☐ payer des charges sur tes revenus (cotisations sociales et impôts sur le revenu),
- ☐ et justifier tes revenus par un statut légal.

Avec la loi, peu importe que tu aies gagné 1 € ou 10 000 €, c'est la même obligation pour tous. Mais soyons réalistes, si tu n'as vendu que quelques exemplaires, il est difficile d'imaginer que l'on puisse t'amender ou te mettre en prison pour ne pas avoir légalisé ton statut… Mais cela reste entre nous. ;)

2. Les différents statuts possibles

Afin de déclarer et justifier tes revenus d'auteur autoédité, tu as plusieurs possibilités.

1. **Devenir autoentrepreneur** en plus de ton activité principale (salarié, travailleur indépendant, fonctionnaire) OU devenir autoentrepreneur en activité principale et vivre de tes romans et de tes activités parallèles.
2. **Opter pour le statut d'artiste auteur** grâce à l'URSSAF du Limousin (pour les auteurs autoédités, édités en maison d'édition, et hybrides).
3. **Devenir gérant d'entreprise**, dans le cas où tes revenus augmentent et dépassent les seuils. Dans ce cas, il te faudra passer au niveau supérieur et créer une identité morale. Il faudra alors travailler avec un expert-comptable ou un comptable professionnel.

Si tu débutes dans l'autoédition et que tu conserves ton métier et donc ta source de revenus principale en dehors de ton activité d'autoédition, tu vois tout de suite que la création d'une entreprise (choix numéro 3) n'est pas la solution. Il ne te reste plus qu'à choisir entre les 2 premières possibilités !

3. L'autoentrepreneur — microentrepreneur

POUR QUI ?

De nombreux auteurs autoédités choisissent de **créer leur microentreprise** car il s'agit d'une entreprise dont les formalités sont allégées et qui bénéficie d'un mode de calcul et de paiement simplifié des cotisations sociales et de l'impôt sur le revenu. Et puis, **les taux sont avantageux**, surtout les premières années.

Si tu es un auteur hybride (édité en maison d'édition en plus d'être autoédité), tu peux également choisir d'ouvrir une microentreprise pour déclarer tes revenus et payer tes cotisations sociales.

OÙ GÉRER CE STATUT ?

Ce statut est géré par l'URSSAF DES AUTOENTREPRENEURS : https://www.autoentrepreneur.urssaf.fr/portail/accueil.html.
Les gérants de l'entreprise simplifiée appelée « microentreprise » sont appelés des autoentrepreneurs ou microentrepreneurs. On y trouve des auteurs, mais pas seulement. On peut exercer de nombreux métiers grâce à ce statut (peintre notamment).

LES RÈGLES À CONNAÎTRE

Je tiens à te parler de deux **codes APE** (pour Activité principale exercée) dont on parle souvent au sujet de la microentreprise.
Car, en tant qu'auteur autoédité en autoentreprise, tu peux choisir de déclarer tes revenus de deux différentes manières selon le type d'activité, les taux de cotisation sociale ainsi que l'aspect légal.

- **BIC** : Bénéfices Industriels et Commerciaux = profession libérale.

Il s'agit du **code APE 9003B** pour « Autre création artistique pour les activités des écrivains indépendants, pour tous les sujets, y compris la fiction, les ouvrages techniques, etc. ». Parfait pour les auteurs autoédités.

- **BNC** : Bénéfices Non Commerciaux = activité de vente.

Le code APE préconisé dans ce cas est **le 5811Z** pour « Édition de livres et autres activités d'édition ». Oui, mais... Légalement ce code APE « n'inclut pas les activités des auteurs indépendants ». Nombre d'auteurs indépendants choisissent pourtant ce code APE sans rencontrer de problèmes. Tu as donc le choix.

Il te faudra donc choisir entre ces deux codes APE si tu optes pour ce statut d'auteur. Sache que j'ai obtenu ces informations directement auprès de l'INSEE[11].

4. Le statut d'artiste auteur

POUR QUI ?

Un statut d'artiste auteur est un régime social, autrement dit, un statut « tout-en-un » pour tout auteur en général, et donc **idéal pour les auteurs édités et hybrides** (édités en maisons d'édition et autoédités).

On dit parfois qu'il est « nouveau » car ce statut est valable pour les auteurs autoédités depuis le Décret n° 2020-1095 du 28 août 2020 relatif à la nature des activités et des revenus des artistes auteurs[12].

---

[11] Source : Nomenclature d'activités françaises (NAF) complètes de l'INSEE : https://www.insee.fr/fr/information/2406147
[12] Décret : https://www.legifrance.gouv.fr/jorf/id/JORFTEXT000042284065

Cette « nouveauté » est intéressante dans le cas où tes revenus d'autoédition sont tes seuls revenus. La protection sociale des artistes auteurs paraît être plus avantageuse que celle de l'autoentrepreneur.

OÙ GÉRER CE STATUT ?

Il faut savoir que c'est bien auprès de l'URSSAF que tu déclareras tes revenus d'auteur et paieras tes cotisations. Cependant, c'est une branche spéciale qui gère cette partie : l'URSSAF du Limousin. https://www.artistes-auteurs.urssaf.fr/aa/accueil.

LES RÈGLES À CONNAÎTRE

Si tu optes pour le statut d'artiste auteur, tu paieras tes cotisations sociales auprès de l'URSSAF du Limousin
Là aussi, tu as le choix entre deux manières de procéder ! Mais rassure-toi, si tu es auteur autoédité alors c'est très simple.

- **Déclarer tes droits d'auteurs en « traitements et salaires » auprès des impôts.**

C'est pour les auteurs édités en maison d'édition.

- **Déclarer tes revenus en bénéfices non commerciaux (BNC)**

C'est ton cas si tu es auteur autoédité ! Tu vois, c'est facile à choisir !
Un détail, tu peux aussi choisir la Micro-BNC ou la BNC au régime réel (déclaration contrôlée). Mais il me semble inutile d'entrer dans les détails puisqu'ici la BNC est un statut qui t'oblige à tenir un cahier de compte et à faire appel à un comptable. Je l'écarte donc d'office et te conseille **d'opter pour la Micro-BNC**.

- **Déclarer en « traitements et salaires » ET en BNC.**

Si tu es à la fois auteur autoédité et auteur édité en maison d'édition, tu es un **auteur hybride**. Tu peux donc déclarer tes revenus d'auteur en « traitements et salaires » ET en bénéfices non commerciaux (BNC et micro BNC). Tu peux aussi choisir de déclarer l'ensemble de tes revenus en BNC si tu préfères. Il te suffira de le préciser lors de tes démarches de déclaration et auprès des diffuseurs (maisons d'édition).

5. Quel est le meilleur statut pour un auteur ?

Tout dépend de ta situation et de ton propre avis sur la question. Ci-dessous, tu peux facilement différencier les possibilités qui s'offrent à toi pour chaque statut.

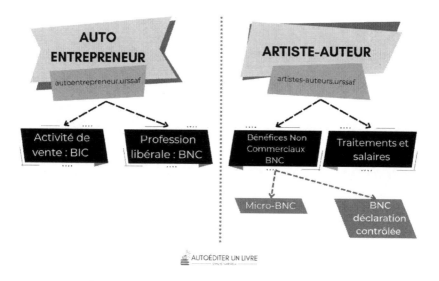

Illustration d'exemple des statuts de l'auteur autoédité

J'ai écrit des articles détaillés et surtout, j'ai publié un comparatif chiffré sur ce sujet. Tu y trouveras toutes les cotisations et les pourcentages que tu as besoin de connaître sur ces deux statuts. Je te mets les liens en fin de chapitre.

Tu peux aussi utiliser la « Fiche : Choisir le statut idéal en tant qu'auteur » et suivre mes conseils. Mais rappelle-toi, tu es le seul décideur et responsable de tes choix !

 Une fois cette étape terminée, penses à la cocher dans la liste des tâches en fin de livre !

FICHE : CHOISIR LE STATUT IDÉAL EN TANT QU'AUTEUR

Lis les questions et suis le conseil qui suit si tu réponds par l'affirmative.

☐ Tu as déjà une microentreprise ? Ou alors, tu pensais en créer une car cela pourrait t'être utile à l'avenir (si tu veux proposer des services dans un cadre professionnel par exemple) ?
↳ **Choisis la microentreprise et de préférence la BNC** afin de respecter au mieux la loi et s'il s'agit bien de l'activité qui t'apporte le plus de revenus.

☐ Tu es un auteur hybride (autoédité et édité) ?
↳ **Choisis le statut d'artiste auteur.** Ainsi, tu géreras tous tes revenus au même endroit.

☐ Tu es auteur autoédité uniquement et tu n'as pas de projet de développer une entreprise à partir de cela ?
↳ **Choisis le statut qui te semble le plus facile.**
  ☐ Tu préfères le statut d'artiste auteur ?
    ↳ **Opte pour la Micro-BNC en artiste auteur.**
  ☐ Tu préfères la microentreprise
    ↳ **Opte pour la BNC en microentreprise.**

Autres ressources

ARTICLES

Toutes mes ressources gratuites sur autoediterunlivre.com

Quel est le meilleur statut de l'auteur autoédité ou hybride ? Comparatif !
https://autoediterunlivre.com/statut-de-lauteur-autoedite-ou-hybride

Quel est le statut de l'auteur autoédité : comment se déclarer ? L'autoentreprise.
https://autoediterunlivre.com/quel-est-le-statut-de-lauteur-autoedite-comment-se-declarer/

Nouveau statut d'artiste auteur : comment déclarer ses revenus d'auteur ?
https://autoediterunlivre.com/statut-dartiste-auteur

SUIVI DE MON PREMIER LIVRE AUTOÉDITÉ

Dans les précédents chapitres, j'ai détaillé chaque étape de l'autoédition d'un livre. Pour t'assurer de ne rien oublier je t'ai préparé une liste à cocher récapitulative de toutes ces étapes. Comme tu l'as vu, certaines s'entrecroisent. Il est donc normal de ne pas pouvoir tout cocher l'un après l'autre.

À TOI D'AUTOÉDITER TON LIVRE !

LISTE DES TÂCHES GÉNÉRALE

- ☐ Me poser les bonnes questions
    - ☐ FICHE : Mon POURQUOI
    - ☐ FICHE : Mes objectifs
    - ☐ FICHE : Mon futur livre
- ☐ Bêta-lecture
    - ☐ La recherche de bêtas-lecteurs
    - ☐ La sélection de bêtas-lecteurs
    - ☐ L'envoi du manuscrit
    - ☐ La réception des avis et les corrections
    - ☐ Les remerciements
    - ☐ OU Suivi des bêtas-lectures
- ☐ Correction
    - ☐ La recherche de correcteurs
    - ☐ La sélection de correcteurs
    - ☐ L'envoi du manuscrit
    - ☐ La réception des propositions de corrections et modification du manuscrit
    - ☐ Les remerciements
    - ☐ OU Suivi des correcteurs
- ☐ Choix de la plateforme : ....
- ☐ Demande de numéro ISBN
    - ☐ Envoi de la demande sur le site de l'AFNIL
    - ☐ Date de réception des numéros ISBN : ....
    - ☐ Numéros ISBN reçus
    - ☐ Création du ou des code-barres
- ☐ Mise en page du manuscrit
    - ☐ Manuscrit mis en page pour le livre papier
    - ☐ Manuscrit mis en page pour l'ebook

- ☐ Création de la couverture
    - ☐ FICHE : Créer la couverture de mon livre
- ☐ Dépôt légal à la BnF
    - ☐ FICHE : Faire le dépôt légal de mon premier livre
    - ☐ Création du compte
    - ☐ Déclaration de dépôt légal en ligne
    - ☐ Envoi du livre
    - ☐ Dépôt légal enregistré par la BnF
- ☐ Si livre jeunesse
    - ☐ Dépôt légal à la CSCPJ
    - ☐ Insertion de la mention légale obligatoire dans le manuscrit
    - ☐ Création de la déclaration
    - ☐ Envoi des deux livres par courrier OU envoi du PDF par email (joindre la déclaration)
    - ☐ Réception et acceptation du livre par la CSCPJ
- ☐ Création du livre
    - ☐ FICHE : Créer mon livre sur une plateforme
    - ☐ Création du compte sur la plateforme d'autoédition
    - ☐ Création de l'ebook
    - ☐ Création du livre papier
    - ☐ Commande et réception de l'épreuve/BAT
- ☐ Publication du livre
    - ☐ Ebook
        - ☐ Lancement de la précommande de l'ebook (optionnel). Date : ....
        - ☐ Lancement de la publication de l'ebook. Date : ....
        - ☐ Ebook publié
    - ☐ Livre papier
        - ☐ Lancement de la publication du livre papier. Date : ....
        - ☐ Livre papier publié et en stock
    - ☐ Commande de mes exemplaires auteurs papier

- ☐ Promotion ou « Parler de mon livre »
    - ☐ FICHE : Ma stratégie de promotion OU comment parler de mon livre
    - ☐ Création et suivi du calendrier de lancement
- ☐ Statut de l'auteur choisi : ....

LISTE DES FICHES

Si tu as besoin de retrouver une fiche, c'est l'endroit idéal pour les repérer facilement.

FICHES DE CRÉATION DE TON LIVRE À COMPLÉTER

FICHE : MON POURQUOI 56
FICHE : Mes objectifs 61
FICHE : Mon futur livre 69
FICHE : Choisir la plateforme d'autoédition idéale 93
FICHE : Préparer ma demande de numéros ISBN 102
FICHE : Les mentions légales de mon livre 127
FICHE : Créer la couverture de mon livre 144
FICHE : Faire le dépôt légal de mon premier livre 160
FICHE : Modèle de déclaration d'un livre jeunesse 162
FICHE : Créer mon livre sur une plateforme d'autoédition 170
FICHE : Ma stratégie de promotion OU comment parler de mon livre 190
FICHE : Choisir le statut idéal en tant qu'auteur 207

FICHES TECHNIQUES

FICHE TECHNIQUE : Formats des livres 66
FICHE TECHNIQUE : Taille des livres 67
FICHE TECHNIQUE : Suivi des bêtas-lectures 77
FICHE TECHNIQUE : Les banques d'images 143
FICHE TECHNIQUE : Calendrier de lancement d'un livre 193

TOUTES MES FÉLICITATIONS

APRÈS TA PREMIÈRE LECTURE DE CE LIVRE

Ça y est, tu es enfin arrivé à la fin de ce livre d'environ 200 pages et de toutes ses explications sur l'autoédition !

Te voilà maintenant prêt à **créer et autoéditer ton propre livre**. Alors, prends une grande inspiration, repose-toi un instant, et passe à l'action !

Reprends ta lecture à **la partie pratique (page 51)** et crée ton livre, étape par étape. Si besoin, fais des recherches complémentaires, notamment en t'appuyant sur les ressources fournies et celles que tu trouveras au cours de ton cheminement.

Pense aussi que tu n'es pas seul, et que tu peux à tout moment faire appel à un professionnel pour t'aider à gérer une ou plusieurs de ces étapes. Je ne connais pas un seul auteur autoédité qui ait absolument tout géré seul.

En effet, que ce soit la bêta-lecture, la correction, ou la mise en page et la création de la couverture, il est normal et habituel pour un auteur de faire appel à un tiers. Que ce soit un ami ou un professionnel, tu as raison de demander de l'aide.

Je tiens aussi à te rappeler que, quoi qu'il arrive, je suis disponible pour t'aider. Que ce soit au travers des contenus que j'offre sur mon site Internet autoediterunlivre.com ou ma chaine YouTube @AUTOÉDITER un LIVRE avec Emilie Varrier. Je mets à jour constamment les articles et je publie régulièrement tout ce dont tu as besoin.

Bien entendu, si tu as besoin d'une aide particulière et personnalisée, sache que je peux t'aider. Tout comme j'ai aidé une centaine d'auteurs depuis 2018. :)

Pour cela, il te suffit de réserver un entretien gratuit sur mon site Internet autoediterunlivre.com, onglet « Entretien gratuit ». Choisis la date et l'heure de ton choix sur mon agenda en ligne.

Tu pourras en profiter pour me poser tes questions particulières sur l'autoédition !

En scannant ce QR Code, tu rejoindras directement mon site Internet.
Et rappelle-toi, il s'agit d'un rendez-vous téléphonique gratuit et sans engagement !

Tu peux aussi me contacter directement par email
emilievarrier@autoediterunlivre.com

J'espère que cet outil te permettra d'atteindre ton but et de tenir d'ici peu ton livre entre tes mains.
Bonne autoédition !
Et à dans quelques semaines pour les grandes félicitations. :)

APRÈS TA 2ᴱ OU Xᴱ LECTURE DE CE LIVRE

Te revoilà dans la conclusion de ce livre sur l'autoédition.

Alors, as-tu autoédité ton premier livre ? Puis-je te féliciter du chemin parcouru ? Oui, bien sûr que oui !

Bravo à toi ! Ta persévérance t'a mené là où tu en es aujourd'hui. Peu importe l'étape où tu en es au moment où tu lis ces lignes.

L'autoédition est une aventure dense et merveilleuse, elle transforme et permet de réaliser nos rêves.

J'espère que ce livre est corné et abîmé à cause de tes multiples relectures et prises de notes. C'est bon signe. Sauf si tu me lis depuis ton téléphone ou ta tablette, dans ce cas, j'espère que ton appareil n'aura pas trop souffert au passage !

Encore bravo à toi cher.e auteur.e. :)
Raconte-moi ton aventure par email si tu le souhaites.

Je te souhaite une bonne continuation dans l'autoédition !
Émilie

Note : les prochaines pages sont aussi écrites pour toi !

À TOI, AUTEUR
ET FUTUR AUTEUR AUTOÉDITÉ

Tout comme tu le demanderas à tes propres lecteurs, **j'espère lire ton avis sur ce livre depuis la Boutique d'Amazon.**

Ton retour compte pour moi. Il me permet de vérifier que j'ai bien répondu à tes attentes et à tes besoins. Savoir que tu as pu avancer sur le chemin de l'autoédition m'apportera beaucoup de joie. Car c'est mon but !

De plus, et comme tu vas vite le comprendre si tu optes pour Amazon KDP, les commentaires sur Amazon et les chères étoiles jaunes, comptent pour beaucoup dans la visibilité d'un livre sur cette plateforme.

J'ai choisi Amazon KDP car je tiens à aider le plus d'auteurs possible. Et maintenant, c'est à toi d'agir pour leur permettre d'obtenir cet outil dont tu as (eu) besoin.

Ton rôle aujourd'hui, est **d'écrire quelques mots sur ce livre !** Tout simplement.

Ainsi, tu permettras à Amazon de savoir qu'il s'agit d'un ouvrage de qualité qui pourra véritablement aider les autoédités. La plateforme le proposera alors à d'autres auteurs qui, comme toi lorsque tu as commencé ta lecture, se sentent perdus et ont besoin d'être rassurés avant de se lancer.

JE TE REMERCIE

Pour ta lecture, pour ta confiance, et pour cet avis que tu t'apprêtes à publier ! Merci !!!

Rejoins la page Amazon ici :
https://www.amazon.fr/dp/B0CKDDP8Y9

CONTACT

Tu peux suivre mes actualités sur Internet

autoediterunlivre.com

@autoediterunlivre

@emilie.varrier.bienvenue (profil)

@emilievarrierassistante (page)

Printed in France by Amazon
Brétigny-sur-Orge, FR